CIVILIZACION

curso de

ESPAÑOLA

SEBASTIÁN QUESADA MARCO

CIVILIZACIÓN ESPAÑOLA

curso de

SOCIEDAD GENERAL ESPAÑOLA DE LIBRERÍA, S. A.

Primera edición, 1987

Produce: SGEL-Educación
Marqués de Valdeiglesias, 5 - 28004 MADRID

Fotos: IMPROTUR, Studio 5, Archivo SGEL
Portada: L. Carrascón, Foto ORONOZ
Maqueta: Studio 5

I.S.B.N.: 84-7143-370-2
Depósito legal: M-32.288-1987
Printed in Spain - Impreso en España

Compone: Fotocomposición MONOCOMP, S. A.
Imprime: PEÑALARA, S. A.
Encuaderna: F. MÉNDEZ

Contenido

A Carmina, mi mujer.

Prólogo

Este libro es un manual de iniciación, un instrumento de trabajo esencialmente destinado a los estudiantes extranjeros, a los
españoles que cursan estudios en establecimientos docentes fuera
de España y a todos aquellos lectores interesados en tener una
visión de conjunto de la cultura y de la civilización españolas. Es
un trabajo de síntesis que intenta transmitir el «máximo de infor-
mación con el menor número posible de palabras». Se han evita-
do, por tanto, las notas, los tecnicismos y el tono profesoral y
enciclopédico, y su lenguaje es asequible y conciso.

No es éste un libro de historia concebido y estructurado según
criterios convencionales, sino una exposición integral y coherente
del desarrollo histórico de la civilización y cultura hispánicas.
Hace especial hincapié en las más importantes realizaciones colectivas e individuales de los españoles en nuestra época contemporánea. Presta gran atención a aquellos factores que constituyen sus
mejores señas de identidad: lenguas, literatura, arte, sensibilidad,
organización social, economía, folklore, música, artesanía, cocina,
cine, etc. La diversidad cultural y lingüística de España es siempre
el telón de fondo de la exposición.

Tánger, julio de 1987.

EL AUTOR

1. El medio geográfico y las gentes de España

El medio natural.—La sociedad española.—Lengua y cultura.—Bibliografía.

La Península Ibérica, ámbito geográfico lleno de contrastes por la enorme variedad de sus climas y paisajes, ha sido a lo largo de la Historia el escenario donde diversos pueblos y culturas han evolucionado hasta originar esa compleja realidad que llamamos España.

Mapa de España, realizado en París, en el siglo XIX, que presenta retratos idealizados de sus reyes, trajes regionales, vistas de ciudades, y —arriba a la derecha— la inevitable escena taurina.

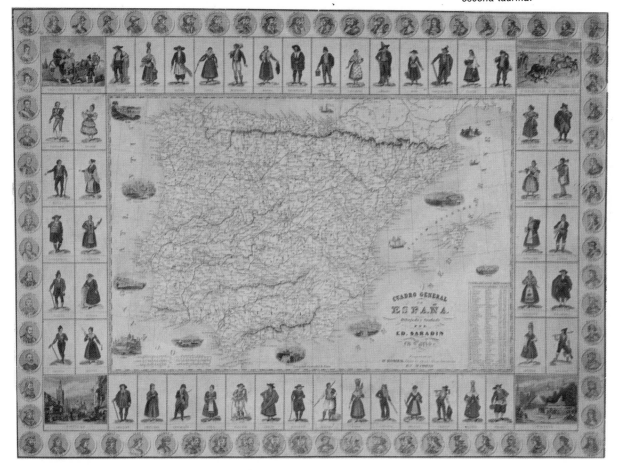

Nos vamos a aproximar a esa realidad en este libro, conscientes de que las claves para comprenderla están fundamentalmente en su pasado y en las especiales características de su medio geográfico.

Ofrecemos en el presente capítulo una breve exposición de los rasgos esenciales de la España actual, para que el lector pueda hacerse una idea concreta del objeto de su estudio antes de comenzar un análisis más sistemático y profundo.

El medio natural

El extremo más meridional de la Península Ibérica se encuentra sólo a 14 km de las vecinas costas africanas. Está unida al continente europeo por un istmo de 435 km de anchura que corresponde a los Pirineos. Gran parte de sus costas, las de levante y las del sudeste, las baña el Mediterráneo, pero por el oeste se abre también hacia el Atlántico y hacia América. Esta singular situación explica en parte la función de puente entre Oriente y Occidente que España ha desempeñado en el curso de los siglos, así como su vocación marinera tradicional.

La superficie del territorio español es de 507.000 km², distribuidos entre la península (84,7 por 100) y los archipiélagos de Baleares y Canarias. La geografía española se caracteriza sobre todo por la enorme extensión del centro peninsular, la meseta (210.000 km²), formidable plataforma de altitud media notable (800 metros en algunas zonas). Es como una imponente fortaleza, «ciudadela del castillo español» (Madariaga), aislada de la periferia litoral por altas cordilleras. Esta situación dificulta las comunicaciones y la penetración de las influencias marítimas. Es también causa de la extrema continentalidad de su clima, de la escasez de lluvias y de la aridez de sus tierras.

La periferia costera, así como los grandes valles de los ríos Tajo, Ebro y Guadalquivir —que envuelven la meseta por el oeste, el nordeste y el sur—, gozan de un clima más suave, están más abiertos a las influencias externas y sus tierras son más fértiles. «España es un erial rodeado de jardines» (Ortega y Gasset).

Las dificultades geográficas para la comunicación entre el interior y las costas, añadidas a las diferencias del medio y a los acontecimientos de la Historia, han contribuido a consolidar cierto antagonismo entre ambas zonas, siempre latente en la realidad española.

La sociedad española

Varios pueblos y civilizaciones vivieron en la Península Ibérica, como veremos en los capítulos próximos. El proceso de formación de España y su unidad fue largo y difícil. Los pueblos de la meseta fueron, entre todos los hispánicos, los que se esforzaron por conseguir y mantener la unidad. Los de la periferia costera se inclinaron hacia la autonomía y la dispersión. Ésta es la

razón de que siempre se haya manifestado, con más o menos
vigor, un cierto enfrentamiento entre las tendencias disgregadoras
de signo autonomista y el centralismo unionista que predominó
desde el Renacimiento y se impuso a principios del siglo XVIII.

La unidad política total de la Península Ibérica sólo fue efecti-
va, por otra parte, bajo la tutela de Roma. Ni siquiera la común
dependencia de los Estados español y portugués de un mismo
soberano, entre 1581 y 1640, contribuyó al reforzamiento de los
ideales unitarios.

La Constitución de 1978 asume la tradición autonómica de los
pueblos y de las nacionalidades hispánicas. El Estado español está
integrado, en consecuencia, por las Comunidades Autónomas
siguientes: Andalucía, Aragón, Canarias, Cantabria, Castilla-La
Mancha, Castilla-León, Cataluña, Comunidad Balear, Comunidad
Valenciana, Extremadura, Galicia, La Rioja, Comunidad Autóno-
ma de Madrid, Comunidad Foral de Navarra, País Vasco, Princi-
pado de Asturias y Región de Murcia.

La población española se estima en 38.500.000 habitantes, con
una densidad media de 70 por km² y desigual distribución. Las
regiones periféricas están, en general, más pobladas que las del
interior. La tasa de natalidad es actualmente la más baja de la
historia de España: está próxima a alcanzar el nivel mínimo de
reemplazamiento y la población envejece como en toda Europa
occidental.

A pesar de la escasez de recursos energéticos propios, el
desarrollo industrial y económico ha sido intenso desde 1960.
España se encuentra entre los diez países más industrializados del
mundo.

Sectores fundamentales de la economía española son la agricultura, a la que se dedican todavía dos millones y medio de trabajadores, y el turismo, la industria más rentable del país. Casi 45
millones de viajeros visitaban anualmente España a mediados de
los años ochenta.

La cordillera pirenaica (izq.) ha sido para España, alternativamente y según las circunstancias históricas, barrera frente a Europa o vía de unión con ella.
El cortijo andaluz (dcha.) es el símbolo de toda una forma de vida.

Entre los ríos mayores de España, el Ebro (izq.) es el segundo por su longitud. Nace cerca de Reinosa, en Cantabria, y desemboca en Amposta (Tarragona). El Ebro está vinculado a grandes acontecimientos en la historia de España, como la cristianización. Plantación de cebada, en Castilla. Una faceta más de los contrastes en el paisaje español (derecha).

La estructura social y demográfica de España es prácticamente similar a la europea, como consecuencia de la transformación económica. Por la misma razón, y por la creación de importantes núcleos industriales en zonas interiores tradicionalmente agrícolas, las bases socioeconómicas del clásico antagonismo entre el centro y la periferia han perdido consistencia.

La recuperación económica y la incorporación a la Comunidad Económica Europea, a partir de enero de 1986, han abierto fundadas esperanzas para los españoles, que, tras un largo período de aislamiento, han vuelto a integrarse en su ámbito político y económico natural, del que fueron separados accidentalmente.

Lengua y cultura

Cuatro áreas lingüísticas existen actualmente en España. Corresponden a las llamadas nacionalidades históricas: Castilla, Cataluña, Galicia y País Vasco. Los vascos, pueblo de origen remotísimo aún por determinar, conservan su lengua: la única entre las hispánicas que no procede del latín. Las otras tres —catalán, gallego y castellano— se formaron en la Alta Edad Media a partir de la disgregación de la unidad política instaurada por Roma.

El liderazgo de Castilla entre los Estados peninsulares durante el Renacimiento y el descubrimiento de América, que fue obra de los castellanos, hizo que su lengua se convirtiera en el medio de comunicación entre todos los pueblos hispánicos y que se extendiera por el Nuevo Mundo. El español o castellano es actualmente la lengua oficial de España. El gallego, el vasco, el catalán, el valenciano y el balear —modalidades ambas del catalán— comparten la oficialidad con el castellano en las Comunidades Autónomas respectivas. El español es también la lengua de dieciocho Repúblicas de América central y meridional y de la República de Guinea Ecuatorial, en el continente africano. Es importante el número de hispanohablantes en los Estados Unidos de América, donde quizá superen a la población negra a principios del siglo próximo.

Un caso curioso es el judeo-español o sefardí (de *Sefarad*, nombre que los judíos daban a la Península Ibérica durante la Edad Media), que ha logrado mantener hasta nuestros días muchos rasgos del castellano del siglo xv. Es hablado por cerca de 1.200.000 personas en tierras americanas y en Israel.

Una de las características esenciales de la sociedad española en el aspecto cultural es, además del mantenimiento de muchas de las tradiciones, el vanguardismo y la gran animación festivo-cultural que se extienden a todo el país. El «posmodernismo» barcelonés y la «movida» madrileña son buenos ejemplos.

En el panorama de la cultura popular destacan:

En folklore:

— *La jota,* danza aragonesa de origen muy antiguo, tal vez ibérico, muy difundida por todo el territorio español.
— *La sardana,* danza catalana que se baila en círculo con acompañamiento de una orquesta peculiar: la «cobla».
— *El flamenco,* conjunto de músicas y danzas andaluzas que, en sus piezas más puras, recibe el nombre de «cante jondo».
— *La muñeira,* danza gallega que se baila con fondo musical de gaita, instrumento de origen celta, y tambor.

En este puesto de «cacharros» del mercado de Valencia aparecen numerosos recipientes vinculados a la cultura popular y a la economía doméstica española: lecheras, regaderas y, sobre todo, la «paella» —plana, ancha y redonda— para facilitar la evaporación al realizar el plato tradicional que lleva su nombre.

En artesanía:

— *La cerámica:* Manises (Valencia), Úbeda (Jaén), Salvatierra de los Barros (Badajoz), Talavera de la Reina y Puente del Arzobispo (Toledo).
— *La forja artística:* Toledo.
— *Cueros* en Andalucía y *alfombras* en Granada, Cáceres, Murcia, Almería y Albacete.
— *Bordados y encajes* en Lagartera (Toledo), Salamanca, Ávila, Segovia, Huelva, Baleares y Canarias.

En gastronomía:

— Los arroces levantinos: paella, caldero.
— Los pescados: «fritos» andaluces, bacalao y merluza a la vasca, pulpo a la gallega, dorada y lubina a la sal en Levante.
— Los asados de cordero y cochinillo en Castilla.
— Las sopas: gazpacho andaluz, sopa de ajo castellana.
— Los jamones: Jabugo, Teruel, Montánchez, Granada.
— Los turrones levantinos, mazapanes de Toledo y dulcería andaluza.
— Los quesos: manchego y cabrales.

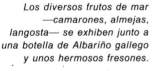

Los diversos frutos de mar —camarones, almejas, langosta— se exhiben junto a una botella de Albariño gallego y unos hermosos fresones.

La cocina española es muy variada. Utiliza el aceite de oliva (que en España se produce en gran cantidad y tiene gran calidad), como corresponde a su vieja civilización mediterránea. Los nume-

rosos turistas que visitan el país últimamente están contribuyendo de forma eficaz a su difusión en los medios internacionales, donde la cocina española no es bien conocida. Los vinos españoles merecen mención especial. Se producen en todas las regiones, ya que España es el país que dedica más extensión territorial al cultivo de la vid. Destacan los «finos» andaluces, el Jerez; los cavas y espumosos catalanes de la comarca del Penedés, los de mesa de La Rioja, los navarros, los de la ribera del Duero, el Valdepeñas, etcétera.

En fiestas populares:

Los extranjeros que han visitado España se han sorprendido siempre por el contraste entre la sobriedad, incluso la dureza, de muchos de sus paisajes y de sus climas con el carácter vitalista de sus habitantes, que se expresa en todas sus creaciones colectivas y, sobre todo, en las casi cuatro mil fiestas locales que se celebran al cabo del año.

Tres fiestas locales son especialmente famosas: las «Fallas» de Valencia, en marzo, cuando entre la alegría popular y los fuegos de artificio se queman las «fallas», monumentales figuras alusivas a temas de actualidad; la «Feria de Abril», de Sevilla, que une a la elegancia de sus jinetes y de sus caballos enjaezados los ritmos alegres de los bailes locales, el buen humor del pueblo y la belleza de los trajes regionales; los «Sanfermines» de Pamplona, a principios del mes de julio, cuyo centro es el «encierro», en el que gran número de jóvenes corren delante de los toros por las calles de la ciudad.

Las fiestas de carnaval están muy extendidas por todo el territorio. Son especialmente vistosas en Cádiz y en Santa Cruz de

Tenerife. Las de «Moros y cristianos», evocación medieval, se celebran en varias localidades levantinas. Hay también numerosas festividades dedicadas a la vendimia, a la recolección de la aceituna y algunas muy especiales como la «Feria del Caballo» en Jerez de la Frontera.

Cada ciudad y cada pueblo celebran anualmente la festividad de su santo patrono y organizan corridas de toros, concursos y competiciones deportivas, certámenes literarios, etc. Son ocasiones de excepción para conocer el verdadero folklore local y los auténticos vestidos regionales.

Las polémicas y controvertidas corridas de toros, la llamada «fiesta nacional», revisten gran interés. Son un curioso espectáculo-ceremonia que hunde sus raíces en antiguos mitos mediterráneos alusivos a la lucha entre el hombre y la bestia.

Entre las festividades religiosas hay que señalar por su especial esplendor la de la Virgen del Rocío, en las marismas de Almonte (Huelva); la del Corpus Christi, en Granada y Toledo, y las procesiones de Semana Santa en todo el país. Son famosos por su sobriedad los «pasos» procesionales castellanoleoneses. En ellos se ofrecen al fervor popular espléndidas muestras de la imaginería barroca, como también en Murcia. Las procesiones de Semana Santa en Andalucía, espectaculares y brillantes, tienen gran renombre por la riqueza decorativa, que contribuye a crear un clima de especial emotividad religiosa.

BIBLIOGRAFÍA

— M. Terán, L. Solé Sabaris y otros, *Geografía Regional de España,* Barcelona, Ariel, 1983.
— J. Vilá Valentí, *La Península Ibérica,* Barcelona, Ariel, 1978.
— M. A. Pelauzy y F. Catalá Roca, *Artesanía Popular Española,* Barcelona, Blume, 1980.
— Carlos Flores, *La España popular. Raíces de una cultura vernácula,* Madrid, Aguilar, 1979.
— *Historia de la Música Española.* Bajo la dirección de Pablo López de Osaba, Madrid, Alianza, 1983.
— M. Martínez López, *Historia de la Gastronomía Española,* Madrid, Editora Nacional, 1981.
— *Guía de los vinos españoles con denominación de origen,* Madrid, Indo.

2. Incorporación de la Península Ibérica a la Historia universal

El más antiguo sustrato cultural.—La legendaria civilización tartésica.—Los pueblos ibéricos prerromanos.—La romanización: Hispania.—La sociedad hispanorromana.—Hispania y la cultura clásica.—El Cristianismo culmina la obra de Roma.—Hispania germánica.—Una sociedad compartimentada.—La cultura clásica prevalece sobre la germánica.—El arte visigodo generaliza el empleo del arco de herradura.—Cronología de algunos hechos importantes durante la Prehistoria y la Antigüedad hispánicas.—Bibliografía.

La Península Ibérica se incorpora a la Historia universal como escenario de la rivalidad entre fenicios y griegos, pueblos históricos que poseían un alto grado de desarrollo cultural. Esta obra fue culminada por Roma, que implantó en Hispania (nombre romano de la Península) formas superiores de vida urbana y de civilización, vinculándola definitivamente al mundo y a la cultura occidentales.

El más antiguo sustrato cultural

Si se confirman la autenticidad y la datación del supuesto fósil humano descubierto en Orce (Granada), los restos del hombre más antiguo de Europa (1.300.000 años, aproximadamente) habrían aparecido en las tierras de España. Ésta conserva, en cualquier caso, abundantes vestigios de culturas antiquísimas como la de los magdalenienses, que dejaron en el interior de profundas cavernas la maravilla del arte rupestre: pinturas naturalistas y policromas de animales y de símbolos entre las que destacan, como más espectaculares, las de la cueva de Altamira (Cantabria), llamada la «Capilla Sixtina del arte cuaternario».

Es también notable el arte rupestre de los pueblos mesolíticos en numerosos abrigos rocosos de Levante, que decoraron con pinturas generalmente monocromas, que representan con frecuencia figuras humanas y escenas de la vida cotidiana, además de animales.

La Península Ibérica fue la meta soñada por muchos pueblos de la Antigüedad a causa de sus recursos agrícolas y minerales. A mediados del cuarto milenio antes de Cristo, grupos de agricultores orientales extienden las culturas aldeano-campesinas, el Neolítico, por las costas mediterráneas ibéricas. Su huella es seguida, mil años después, por colonizadores metalúrgicos, también orientales, que construyen (cultura de Los Millares, Almería) grandes sepulcros de piedra —llamados megalitos—, los cuales logran una gran dispersión geográfica. Se conservan magníficos ejemplares en Andalucía, como la Cueva de Menga (Antequera).

Las pinturas rupestres catalanas, como estas de la cueva de Cogull, en Les Garrigues, pertenecen al Paleolítico medio. Tienen gran interés las figuras femeninas vestidas que participan, al parecer, en una danza religiosa.

La cultura megalítica sería sustituida por la del llamado «Vaso Campaniforme». Renacían en ella viejas tradiciones neolíticas locales a medida que la metalurgia dejaba de ser el monopolio de una élite dirigente.

A partir de 1700 a. C., nuevos pueblos procedentes de Oriente se instalan, como sus predecesores de Los Millares, en tierras de la actual provincia de Almería. Originan la cultura argárica: la primera cultura urbana de la Península y la primera en conseguir el bronce y la metalurgia de la plata.

Desde principios del primer milenio a. C., grupos de pueblos celtas, conocedores del hierro, venían instalándose en el norte peninsular. Hacia el año 800 a. C. ocupan gran parte del territorio. Al mismo tiempo, los fenicios y los griegos tienen sus primeros contactos con las costas levantinas y meridionales. Cádiz fue fundada por los fenicios, según la tradición, el año 1100 a. C.

Fenicios y griegos vinieron a la Península Ibérica con fines comerciales y atraídos por sus recursos; especialmente por la posibilidad de adquirir estaño, necesario para la obtención del bronce mediante la aleación con el cobre. Ambos pueblos se establecieron en las costas mediterráneas, y su influencia no alcanzó el interior ni el norte peninsulares.

Los cartagineses o púnicos, fenicios de Cartago (ciudad fundada en el norte de África el año 814 a. C.), desplazaron a sus hermanos en el Mediterráneo occidental y recluyeron a los griegos en Ampurias (en la actual provincia de Gerona), ciudad fundada en el siglo VI a. C. Sus habitantes, agricultores y comerciantes, incorporaron parte de Iberia, nombre griego de la Península, a la economía monetaria del mundo antiguo.

La colonización grecofenicia introdujo en Iberia el alfabeto, notables innovaciones en los sistemas de extracción de minerales, en el teñido de los tejidos, en la pesca y la salazón de pescados (el *garum,* especie de salmuera, muy apreciado por los pueblos mediterráneos de la Antigüedad), nuevos cultivos, la economía monetaria, y preparó, en definitiva, el camino a la obra civilizadora de Roma.

La legendaria civilización tartésica

Las fuentes clásicas aluden con frecuencia a un lejano y misterioso imperio occidental que llaman Tartessos y sitúan más allá de las Columnas de Hércules, es decir, del Estrecho de Gibraltar. Los restos arqueológicos que han aparecido en el bajo valle del Guadalquivir permiten afirmar, efectivamente, la existencia en aquellos lugares de una cultura antiquísima, la primera entre las ibéricas que adoptó formas avanzadas de organización política, que sería resultado del contacto entre los pueblos autóctonos y los colonizadores fenicios y griegos. El pueblo tartésico habría vivido del monopolio del comercio del estaño y desaparecería bajo el poder cartaginés a finales del siglo VI a. C.

Los pueblos ibéricos prerromanos

A la llegada de los romanos, por quienes serían absorbidos y definitivamente civilizados, los pueblos autóctonos peninsulares, los iberos, no se sentían miembros de una comunidad superior a su ámbito local. Los separaban numerosas diferencias lingüísticas y variadas formas de cultura material y de religión.

Los autores clásicos aluden con frecuencia al espíritu belicoso y a la fortaleza de ánimo de los iberos, lo que no sería sino el resultado de su extrema pobreza y de la necesidad consiguiente de sobrevivir mediante el bandidaje o la guerra. Estos hábitos engendraron una especial valoración del heroísmo y la institucionalización de fuertes lazos de fidelidad al jefe del grupo, a quien se vinculaban tan estrechamente que tenían que suicidarse cuando éste moría. Esto proyecta cierta luz sobre el trágico fin de la ciudad de Numancia, cuyos habitantes, tras sufrir un prolongado asedio, se quitaron la vida antes que entregarse a los romanos.

La Dama de Baza (Granada) y la Dama de Elche (Alicante), ambas en el Museo Arqueológico Nacional, son los testimonios más valiosos del arte ibérico. Aquí vemos la primera de ellas.

En la cultura espiritual de los pueblos ibéricos destacaba su creencia en la vida del más allá y en varias deidades, entre las que prevalecían un dios guerrero y celeste, el «señor de los caballos», y una divinidad femenina, símbolo de la fecundidad y señora de la vida y de la muerte.

Los iberos conocían la escritura, derivada de la grecofenicia, que no ha podido ser descifrada todavía. Iniciaron la tradición hispánica de los regadíos, de las vegas y las huertas, que sería continuada y mejorada por los romanos y por los musulmanes. Construían sus casas y poblados, que rodeaban de murallas ciclópeas como las de Tarragona, con paredes de adobe o tapial.

Los iberos lograron cierta originalidad en sus creaciones artísticas mediante la fusión de la doble influencia griega y oriental. Esto se aprecia especialmente en la escultura. Como ejemplos más notables podríamos citar la Dama de Elche, de solemne y serena expresión; la Dama oferente del Cerro de los Santos, que sostiene un vaso ritual en actitud hierática; y la Dama de Baza, sedente y ataviada con riqueza. Todas estas esculturas se conservan en el Museo Arqueológico Nacional. Fueron también notables ceramistas y dominaron las técnicas y las artes del metal.

Merecen mención especial los exvotos de bronce: pequeñas figuras humanas, representaciones de miembros, de animales, etc. Los depositaban en los «santuarios», lugares sagrados que sirvieron de factor de cohesión entre los diferentes grupos ibéricos, ya que acudían a ellos peregrinos procedentes de todo el territorio y se establecían así lazos de solidaridad (Santuario del Cerro de los Santos, Albacete).

Los iberos ocupaban la actual Andalucía y las costas mediterráneas. Llegaron a cruzar los Pirineos, extendiéndose hasta la desembocadura del Ródano. El resto de la Península estaba ocupado por pueblos célticos, menos evolucionados culturalmente. Entre sus vestigios materiales se conservan grandes figuras de cuadrúpedos, como los Toros de Guisando, en la actual provincia de Ávila, que poseían una significación mágico-religiosa. El contacto entre ambas colectividades se produjo en Celtiberia, región cuyos habitantes explotaban el hierro del Moncayo y vivían en núcleos urbanos como Numancia (cerca de Soria).

La Romanización: Hispania

La rivalidad entre fenicios y griegos por controlar los recursos de Iberia continuó entre Roma y Cartago por las mismas razones. El año 219 a. C., el general cartaginés Aníbal destruye la ciudad de Sagunto, cerca de la actual Valencia, que era aliada de Roma, y de Ampurias. Este hecho impulsó a los romanos a la conquista definitiva de la Península. Tal empeño exigiría dos siglos y la intervención de los mejores estrategas; incluso la del propio César Octavio Augusto, que tuvo que dirigir personalmente las últimas operaciones militares ante la tenaz resistencia de los indígenas.

A través de un decisivo proceso de transformación cultural, la Romanización, Hispania —nombre latino de Iberia— quedará tan

Estela funeraria de un tabernero hispanorromano que se conserva en el Museo Nacional de Arte Romano (Mérida). El realismo de la escena habla por sí misma.

profundamente incorporada al mundo occidental que ya no se desviará de su trayectoria histórica, a pesar de la futura presencia del Islam en gran parte de su territorio durante 800 años. Roma hará posible que los iberos, llamados hispanos a partir de entonces, tomen conciencia de su pertenencia a una comunidad superior a la de su estricto ámbito local: conciencia de su propia personalidad. Les dará también una lengua y una cultura universales. Estos logros se reforzarán con la difusión y arraigo del Cristianismo en la totalidad de las tierras hispánicas.

La sociedad hispanorromana

La sociedad hispanorromana se organizó jerárquicamente. Los «seniores» o «potentiores», propietarios de grandes latifundios, desempeñaban el poder político y económico. Los funcionarios locales formaban las élites administrativas municipales. Los ciudadanos libres no propietarios, los «humiliores», y los esclavos se hallaban en el lugar más modesto de la pirámide social.

Desde el año 197 a. C., Hispania se organizó en dos provincias: Citerior y Ulterior. Augusto dividió esta última en Bética y Lusitania, para adecuar la administración a la explotación de los recursos naturales. Los regímenes administrativos imperial e indígena coexistieron durante siglos, hasta que Vespasiano concedió a Hispania el Derecho latino (70 d. C.) y, sobre todo, hasta la concesión de la ciudadanía romana a todos los habitantes libres del Imperio, en el año 212 d. C.

Las actividades económicas básicas de la sociedad hispanorromana fueron la agricultura, la ganadería y la minería. Trigo, vid y olivo eran los cultivos más extendidos y los productos más exportados: se cree que la colina romana del monte Testaccio está formada por los restos de las ánforas en que se realizaba este comercio. También eran importantes los regadíos, que los romanos desarrollaron mediante la construcción de grandes obras hidráulicas.

La forma más común de explotación agrícola fue el latifundio: las «villae», grandes propiedades trabajadas por esclavos. A partir de la crisis del siglo III, al aumentar el precio de éstos, fueron sustituidos progresivamente por colonos libres, remunerados mediante la concesión de pequeñas parcelas y objeto de protección. Los lazos de dependencia respecto a sus señores se hicieron tan fuertes con el paso del tiempo, que quedaron vinculados a la tierra para siempre mediante el colonato, sistema de producción intermedio entre la sociedad esclavista y la feudal.

La extensión por toda la Península de una espléndida red de calzadas y vías, que además de servir a intereses económicos y estratégicos contribuyó a la difusión de la latinidad, fue también un hecho de gran importancia.

Hispania y la cultura clásica

Hispania aportó a la cultura latina gran número de literatos y pensadores, como Lucio Anneo Séneca, eminente autor trágico y filósofo de inspiración estoica; Lucano, autor de la *Pharsalia,* obra intemporal e iniciadora de una corriente renovadora en las letras clásicas, y Marcial, destacado poeta epigramático.

Los arquitectos romanos, grandes constructores, levantaron en España numerosos templos, circos, termas y toda clase de monumentos y obras de ingeniería civil. El teatro de Mérida tiene una magnífica escena de casi 60 m de longitud y un aforo de 5.500 espectadores. El puente de Alcántara se eleva sobre un vano de 50 m. Entre los acueductos, construidos con grandes sillares, como los puentes, el de Segovia, de época de Augusto, alcanza una altura de 28,9 m y una longitud de 728 m.

El Cristianismo culmina la obra de Roma

El Cristianismo, nueva religión que asumía gran parte del legado espiritual del mundo antiguo y que se había extendido en muy poco tiempo por todo el Imperio, llegó más tarde a Hispania,

El acueducto de Segovia es una de las obras más importantes de la arquitectura provincial romana. Construido con gruesos sillares de granito, mide 728 m de longitud con una altura máxima de 28,90 m. Surte de agua a la ciudad desde el siglo I.

pero arraigó en ella, sin embargo, profundamente. A principios del siglo III existían ya las sedes episcopales de Zaragoza, Mérida y Astorga.

El movimiento herético de Prisciliano, a quien se acusó de querer alterar el orden social y de pretender encontrar la perfección fuera de la comunidad cristiana, fue un hecho relevante en la Iglesia hispánica primitiva.

Hubo en Hispania, especialmente durante el siglo IV, una literatura cristiana primitiva con autores notables como Osio, obispo de Córdoba, redactor del Credo trinitario; Prudencio Clemente, poeta cuya *Psycomachia,* o combate entre el vicio y las virtudes, tendría larga proyección posterior; y Paulo Orosio, el primer pensador que consideró a Hispania como una entidad nacional.

La obra de Roma culmina con la difusión del Cristianismo, que, junto al clasicismo, es el basamento de la cultura occidental.

Hispania germánica

Las invasiones de los pueblos germánicos a mediados del siglo III produjeron una profunda crisis. Las actividades económicas se paralizaron. Los habitantes de las ciudades buscaron refugio en el campo, sometiéndose al régimen del colonato. La inseguridad se generalizó. La Humanidad, ante tanta desgracia, perdió confianza en los credos tradicionales e intentó hallar soluciones en las religiones mistéricas orientales y en el Cristianismo. Entre los pueblos germánicos de Hispania prevalecieron los visigodos, en cuyo caso es más justo hablar de inmigración que de invasión, ya que se establecieron pacífica y gradualmente como auxiliares del ejército imperial. Los visigodos se decidieron, en el siglo VI, a crear una organización política unitaria. Eligieron como capital la ciudad de Toledo. Esto originó cierto malestar entre los hispano-

Las decisiones de los concilios toledanos tuvieron gran influencia en la vida de la sociedad visigoda, ya que su ámbito fue político, social y religioso. Esta página miniada del Códice Emilianense *(Monasterio de El Escorial) es una representación de dichas asambleas.*

romanos, que habitaban sobre todo en las costas y apoyaban la intervención de los bizantinos, los cuales pretendían restablecer la unidad del mundo romano y habían ocupado el sudeste hispánico.

Una sociedad compartimentada

Los visigodos, minoría militar dirigente no superior a los 200.000 individuos, respetaron el orden romano, identificaron sus intereses con los de las élites locales y se mantuvieron siempre apartados del pueblo. Los separaba, sobre todo, su credo religioso, el arrianismo, herejía que negaba el dogma de la Trinidad y la divinidad de Jesucristo. Cada comunidad se regía además por su propio sistema jurídico, e incluso estaban prohibidos los matrimonios mixtos. La separación y la animosidad, que no desaparecieron con la adopción del catolicismo como religión oficial por el III Concilio de Toledo (año 589) ni con la promulgación del *Liber Iudiciorum (Fuero Juzgo)*, gran obra legislativa que acabó con la pluralidad jurídica, explican la indiferencia y hasta el apoyo con que los hispanorromanos recibirán, a principios del siglo VIII, a los musulmanes de Musa ben Nusayr.

Aunque los visigodos estaban totalmente romanizados y eran tributarios del clasicismo en todos los aspectos, mantuvieron o desarrollaron formas propias de su sistema político-administrativo. Por ejemplo: el «Aula Regia», que promulgaba las leyes junto con el rey. Algunos de sus miembros y los del alto clero formaban los Concilios de Toledo, asambleas de carácter religioso y político cuyas decisiones adquirían naturaleza de ley cuando el rey las aprobaba.

Los visigodos no pudieron evitar el retroceso de la economía. El sistema de colonato se consolidó, en consecuencia, e incluso nacieron nuevas formas de servidumbre, como la «encomienda». Los «encomendados» eran hombres libres que recibían tierras y protección a cambio de prestar servicios personales a un señor, a quien se vinculaban mediante un pacto de fidelidad. Esta fórmula anunciaba el ya próximo feudalismo.

La cultura clásica prevalece sobre la germánica

Es posible que cuando los visigodos llegaron a la Península Ibérica hubieran asimilado la cultura clásica y el latín. Parecen probarlo el hecho de que no dejaran ningún testimonio escrito de su lengua y la circunstancia de que el nombre de Hispania se impusiera sobre el de Gotia.

El latín fue, pues, la lengua de pensadores como San Isidoro (570-636), obispo de Sevilla, figura cumbre de esta cultura y autor de numerosas obras. Destacan entre ellas las *Etimologías,* enciclopedia de vasto contenido, y la *Historia de los godos,* en la que considera que Hispania es una entidad diferente del Imperio, al que ha sustituido como centro de la Historia. San Isidoro alaba con frecuencia a su patria hispana: son los llamados «Laudes

Hispaniae», que habrían de tener posteriormente muchos conti-
nuadores.

> Hispania... está situada entre África y Galia, cerrada por el
> septentrión por los montes Pirineos y rodeada por todas
> partes por el mar. Es riquísima por la salubridad de su cielo,
> por la fecundidad en todo género de frutos y por la abundan-
> cia de gemas y metales.
>
> (Fragmento de *Las Etimologías* de San Isidoro.)

El arte visigodo generaliza el empleo del arco de herradura

El arte visigodo continuó la tradición clásica y bizantina. Fue
eminentemente religioso. Utilizó reiteradamente el arco de herradura, que se convertirá en uno de los elementos constructivos y
decorativos esenciales del arte hispanomusulmán.

Las construcciones más características de los visigodos fueron
varias iglesias, levantadas en el siglo VII, como San Juan de Baños

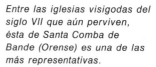

*La corona votiva de Recesvinto
es una muestra insigne de la
orfebrería visigoda. Forma
parte del Tesoro de Guarrazar
(Toledo) y se conserva en el
Museo Arqueológico Nacional.*

*Entre las iglesias visigodas del
siglo VII que aún perviven,
ésta de Santa Comba de
Bande (Orense) es una de las
más representativas.*

(Palencia), Santa Comba de Bande (Orense) y San Pedro de la Nave (Zamora). Las esculturas visigodas que han llegado hasta nosotros son relieves decorativos de carácter monumental, especialmente capiteles. Es posible, sin embargo, que nos formemos una idea más amplia por su supervivencia en las miniaturas mozárabes. Los visigodos eran magníficos orfebres, como se advierte en los tesoros de Guarrazar y Torredonjimeno, que se conservan en el Museo Arqueológico Nacional (Madrid).

La liturgia visigoda, una de las más antiguas, se mantuvo en Al-Andalus entre los mozárabes (cristianos que vivían en territorio musulmán) e incluso sobrevivió en Toledo a la imposición por Alfonso VI del rito romano. El cardenal Cisneros la protegió, en el siglo XVI, mediante la creación, en la catedral de aquella ciudad, de una capilla en la que se celebraría a diario una misa según el viejo rito. Esta tradición ha perdurado hasta nuestros días.

CRONOLOGÍA DE ALGUNOS HECHOS IMPORTANTES DURANTE LA PREHISTORIA Y LA ANTIGÜEDAD HISPÁNICAS

— 1.300.000 años: Probable antigüedad del supuesto Hombre de Orce.

— Entre 125.000 y 40.000 a C.: Culturas del «Homo Sapiens».

— Entre 40.000 y 10.000 a. C.: Culturas del «Homo Sapiens Sapiens».

— Entre 10.000 y 5.000 a. C.: Culturas mesolíticas.

— IV milenio a. C.: Extensión de las culturas campesinas por las costas mediterráneas ibéricas.

— Desde mediados del III milenio a. C.: La Península Ibérica se convierte en centro de irradiación cultural. Culturas de Los Millares y del Vaso Campaniforme.

— A partir del 1700 a. C.: La Península Ibérica es la primera tierra europea en conocer formas de asentamiento urbano. Cultura de El Argar.

— La posesión del hierro proporciona a los pueblos célticos un valioso instrumento bélico y ocupan el norte peninsular a principios del primer milenio a. C.

— A principios del siglo IX a. C. se producen los primeros contactos de fenicios y griegos con las costas peninsulares.

— 654 a. C.: Los cartagineses ocupan Ibiza.

— 535 a. C.: Los cartagineses vencen a los griegos en Alalía y les prohíben el paso al sur de la Península.

— 218 a. C.: Se inicia la Romanización con el desembarco de los romanos en Ampurias.

— 133 a. C.: Los romanos toman Numancia.

— 19 a. C.: César Octavio Augusto logra la pacificación definitiva de Hispania.

— Desde principios del siglo III d. C., el Cristianismo ha arraigado en Hispania.

— A mediados del siglo III se producen las primeras invasiones-inmigraciones de pueblos bárbaros.

— 385: Ejecución de Prisciliano en Tréveris (Alemania) por orden del emperador Máximo. Fue la primera víctima de la intransigencia ortodoxa.

— 409: Llegada masiva de pueblos germánicos a través de los pasos occidentales de los Pirineos.

— 576: La elección de Toledo, ciudad situada en el centro peninsular, como sede de la capital del reino visigodo manifestaba la voluntad de Leovigildo de crear un reino centralizado y unitario.

BIBLIOGRAFÍA

— J. Caro Baroja, *Los pueblos de España,* Madrid, Istmo, 1985.
— J. A. Vaca de Osma, *Así se hizo España,* Madrid, Espasa-Calpe, 1981.
— L. Suárez Fernández, *Historia de España Antigua y Media,* Madrid, Rialp, 1976.

3. La formación histórica de España

La «Reconquista» y el origen de las nacionalidades hispánicas.—Al-Andalus.—La difícil unidad de los reinos peninsulares.—La sociedad medieval.—Los señoríos.—La burguesía nace al mismo tiempo que se fortalece el poder de las élites.—El enfrentamiento entre ganaderos y agricultores en Castilla y el imperio mercantil catalán singularizan la economía medieval hispánica.—Concejos y Cortes, sistemas pioneros de representación popular en Europa.—Instituciones catalanas.—El ordenamiento jurídico.—La vida espiritual.—La cultura medieval de Hispania, nexo entre Oriente y Occidente.—Orígenes de la literatura española.—El mester de juglaría.—El mester de clerecía.—La gran empresa cultural de Alfonso X el Sabio.—Moral burguesa y sentido didáctico en la literatura del siglo XIV.—Clasicismo y poesía cortesana en el siglo XV.—El teatro medieval.—Literaturas catalana, gallega y vasca.—Originalidad de las corrientes artísticas prerrománicas.—El románico, arte de una sociedad rural.—El gótico, arte de la burguesía y de las ciudades.—Las viejas raíces de la polifonía.—Mestizaje cultural andalusí.—Pensamiento filosófico y científico. Literatura andalusí.—Arte hispanomusulmán.—Arte mudéjar.—Pervivencia de la música andalusí.—La cultura hispanohebrea.—Cronología de algunos hechos importantes durante la Edad Media hispánica.—Bibliografía.

El desembarco de los musulmanes en las costas de Algeciras se produjo en el año 711 con el propósito de intervenir en las guerras civiles entre los visigodos. La inmediata consolidación de su poder, tras pactar fórmulas de convivencia con los hispanorromanos, había de tener importancia fundamental en la historia de la Península Ibérica. A pesar de quedar separada durante siglos del proceso seguido por los pueblos europeos y a causa del contacto entre Oriente y Occidente, alcanzará un desarrollo cultural tan alto, que su huella se percibirá en el Renacimiento e incluso en múltiples manifestaciones del actual patrimonio cultural de los pueblos magrebíes.

La «Reconquista» y el origen de las nacionalidades hispánicas

Grupos minoritarios, que llamaremos cristianos a partir de ahora, se alzaron frente a los musulmanes en las montañas del norte y adoptaron formas monárquicas de organización política. Evolucionaron aislada e independientemente entre sí: hecho capital en la historia de España, ya que cada uno de aquellos reinos desarrolló su propia lengua y cultura, sus propias instituciones y tomó, sobre todo, conciencia de su propia individualidad. Estos factores originarán los pueblos y las nacionalidades hispánicas, la variedad cultural y lingüística peninsular y, en definitiva, serán la justificación histórica de la actual organización del Estado español de las Comunidades Autónomas.

El grupo resistente asturiano, que asumió la sucesión de la monarquía visigoda y creó en los ambientes palaciegos el ideal de Reconquista, de recuperación de las tierras hispánicas ocupadas por los musulmanes, se consolidó a principios del siglo IX y pudo establecer la capitalidad en Oviedo. El culto al apóstol Santiago comenzó también en esta época. Fue quizá el factor de cohesión y de europeización más importante para los cristianos peninsulares, ya que la supuesta tumba en Santiago de Compostela (Galicia) sería uno de los centros de peregrinación más visitados por los europeos medievales.

A principios del siglo X, los asturianos extienden sus fronteras hasta el valle del Duero. Instalan la capital en León y repueblan aquellas tierras con pequeños propietarios libres que se asocian democráticamente en municipios rurales, en concejos, y forman ejércitos populares: instituciones realmente insólitas en el marco de la Europa feudal. El Condado de Castilla, que adoptó del reino asturleonés su organización democrática, se separó de éste en el año 961 y se alzó pronto con el liderazgo en las empresas de la Reconquista.

Cataluña nació de la Marca Hispánica, territorio del nordeste peninsular sometido a los francos desde principios del siglo IX. Ésta es la razón de que se organizara según el modelo feudal europeo. Sus soberanos, los «condes», por su condición de señores feudales, no poseían tantos poderes como la realeza. Europeísmo y feudalismo singularizan, pues, los orígenes históricos de Cataluña, que, sin embargo, unirá gradualmente su destino al de los otros pueblos peninsulares.

Aragón y Navarra se independizan de los andalusíes a finales del siglo IX y a principios del siglo X respectivamente. Aragón se une a Cataluña en el año 1164. El nuevo reino, la Corona de Aragón, creará en el siglo XIII un vasto imperio mercantil en el Mediterráneo gracias a la eficaz actividad de la burguesía catalana, estamento que fomentará los sistemas de gobierno basados en el pacto y en el acuerdo.

Portugal nació de la donación territorial que Alfonso VI de Castilla hizo al marido de su hija Teresa el año 1097, y su entidad nacional se gestó frente a los musulmanes desde principios del siglo XII.

Al-Andalus

Al-Andalus, la España musulmana, fue en sus primeros tiempos una provincia del Califato oriental. El año 756, un príncipe omeya rompe los lazos de dependencia política e instaura el «Emirato» independiente. Este proceso autonómico culmina el año 929 cuando Abderramán III se autoproclama califa, príncipe de los creyentes, terminando así también con la dependencia religiosa.

Al-Andalus alcanza en el Califato la cima de su gloria. Con Al-Hakam II, sobre todo, la cultura accede al poder y Córdoba se erige en la capital de Occidente; en el gran centro donde se fundían el clasicismo y el orientalismo. De esta simbiosis cultural surgieron formas literarias tan originales como las «moaxajas», composiciones que unían cancioncillas en la lengua romance de los cristianos («jarchas») a la poesía en árabe clásico.

El Califato es abolido a principios del siglo XI y Al-Andalus desaparece como unidad política: el poder se divide entre las principales ciudades, los «reinos de taifas». Éstos eran impotentes por sí solos para hacer frente al expansionismo de los cristianos. Tuvieron que solicitar ayuda a sus hermanos de religión norteafricanos. Los taifas alcanzaron, sin embargo, un alto grado de desarrollo cultural. La literatura y las ciencias conocieron una nueva «edad de oro» que se prolongó en Granada, el último reino islámico de España, hasta 1492.

La difícil unidad de los reinos peninsulares

La separación entre las comunidades cristianas y la musulmana se intensifica a partir del siglo XI. Aquellas refuerzan sus relaciones con Europa a través del Camino de Santiago (vía que seguían los peregrinos en su viaje a la ciudad del Apóstol), por el que penetran el arte románico y la reforma cluniacense; ésta se africaniza con los almorávides, que impusieron a los taifas una dictadura integrista, y con los almohades.

Los reinos cristianos, a pesar de compartir ideales tan importantes como el de cruzada, continúan durante la Baja Edad Media trayectorias históricas separadas, aunque paralelas. Tienen que hacer frente a profundas crisis internas originadas, especialmente durante el siglo XIV, por las epidemias de «peste negra» y por los enfrentamientos sociales, en los que ya se manifestaba la futura conflictividad religiosa del Renacimiento. Las crisis produjeron numerosas víctimas entre los judíos. Muchos de ellos se convertirían al catolicismo (conversos): algunos, sinceramente; otros, para evitar la persecución, atrayéndose así la animosidad de los «cristianos viejos», que les acusaban de practicar su religión en secreto.

Aragón-Cataluña y Castilla-León llegan al Renacimiento separados por sus culturas y por sus sistemas políticos respectivos: mientras en aquel reino se había fortalecido el sentido pactista del poder, en éste se había debilitado la antigua organización democrática; la autoridad real había aumentado; las Cortes habían perdido atribuciones y el sistema señorial se había afianzado.

La unidad era, a pesar de todo, un ideal generalizado. Respondía a las nuevas corrientes políticas del Renacimiento que propiciaban la concentración de poderes. Aquel ideal se hizo realidad con el matrimonio de Isabel de Castilla y Fernando de Aragón, los Reyes Católicos, que lograron además someter el último reducto del Islam en España, el reino de Granada. Casi la totalidad del territorio hispánico quedaba así bajo su soberanía. Navarra sería anexionada en 1512. Portugal, sin embargo, no se unió, y, en consecuencia, la Península Ibérica entra en la modernidad dividida en dos Estados: el español y el portugués.

La sociedad medieval

La democracia asturleonesa desapareció tempranamente sustituida por sistemas de producción próximos al feudalismo. Uno de ellos fue el «patrocinio», por el que pequeños propietarios hacían donación de sus tierras a un señor que les otorgaba, a su vez, el derecho a cultivarlas y les acogía bajo su protección a cambio del pago de una cantidad anual. Esta fórmula favoreció la concentración de la propiedad en manos de las élites nobiliarias, que se hicieron cada vez más prepotentes. El feudalismo originó, sin embargo, en Cataluña, un equilibrio de poderes entre los dirigentes y la nobleza. Nadie fue así suficientemente fuerte para impedir el auge de la burguesía y del sentido pactista de la organización política.

Los señoríos

Los soberanos adoptaron la costumbre, a partir del siglo xii, de pagar con tierras los servicios de las órdenes militares y de los nobles. Éstos se atribuyeron gradualmente numerosas jurisdicciones sobre sus nuevos territorios y sobre sus habitantes («señoríos»), aunque la necesidad de repoblar las extensas zonas que se conquistaban a los andalusíes obligó a liberalizar el sistema y a instalar también colonos libres.

Algunas instituciones han sido causa muy importante de la pobreza tradicional de ciertos sectores de la sociedad española: los señoríos, por su larga pervivencia; los latifundios, o fincas rústicas extensas pertenecientes a un mismo propietario; el mayorazgo, por el que el primogénito heredaba el patrimonio familiar, impidiendo el reparto de las grandes posesiones; los «bienes de manos muertas», es decir los que pertenecían a una persona jurídica sin que su poseedor pudiera enajenarlos. No es exagerado afirmar que la economía española del siglo xx se ha resentido todavía de las consecuencias negativas de aquellas formas de distribución de riqueza y de los hábitos sociales que originaron.

La burguesía nace al mismo tiempo que se fortalece el poder de las élites

Mientras la nobleza y el alto clero afianzaban sus privilegios, aires renovadores llegaban a España por el Camino de Santiago. Estas novedades estimularon la actividad comercial y el desarrollo de la burguesía: un estamento social formado por hombres libres y emprendedores que, junto con las monarquías, cuestionan los derechos señoriales. Los reyes les protegen y acogen en las ciudades, donde se organizan también los gremios: asociaciones de trabajadores y artesanos de un mismo oficio que aparecen por vez primera en Cataluña. Los burgueses embellecen las ciudades con catedrales y palacios góticos. Barcelona, por ejemplo, conserva espléndidos testimonios monumentales de aquella época.

El hecho de que la burguesía nunca lograra un desarrollo similar al europeo, excepto en Cataluña, y no pudiera actuar, en consecuencia, como factor de equilibrio frente a los privilegios de los potentados, ha tenido influencia capital en la historia de España.

El enfrentamiento entre ganaderos y agricultores en Castilla y el imperio mercantil catalán singularizan la economía medieval hispánica

Ganaderos y agricultores castellanos se enfrentaron durante siglos en una lucha tenaz por la explotación del suelo. Los ganaderos resultarían victoriosos a causa del apoyo recibido de los poderes públicos, que obtenían cuantiosos beneficios fiscales del comercio y de la exportación de la lana. La ganadería trashumante tuvo entonces importancia fundamental y seguiría teniéndola posteriormente. La «trashumancia» se realizaba a través de vías o «cañadas» para uso exclusivo del ganado. Era dirigida por asociaciones de ganaderos, llamadas «mestas», que fueron unificadas por Alfonso X el Sabio con la creación del Honrado Concejo de la Mesta, en 1273.

El hecho económico más relevante en la Corona de Aragón fue, como ya hemos indicado, la creación por la burguesía catalana de un extenso imperio marítimo mercantil. Sus barcos navegaban por todas las rutas comerciales de la época.

Concejos y Cortes: sistemas pioneros de representación popular en Europa

Los vecinos de las localidades asturleonesas acostumbraban a reunirse en concejo abierto para organizar conjuntamente las tareas de gobierno de la comunidad municipal, a cuyos gastos

Iglesia de Santa María del Romeral, en Monzón (Huesca) que, durante siglos, fue escenario de las Cortes del Reino de Aragón.

todos tenían que contribuir. Los propietarios de armas y de caballos estaban exentos de esa contribución, pero se encargaban de la defensa del lugar. Fue ésta una curiosa democracia que no tardó mucho tiempo en desaparecer. Cuando el avance de la Reconquista originó grandes diferencias sociales entre los vecinos, sobre todo a partir del siglo XIII, los más poderosos monopolizaron el derecho a asistir a los concejos (concejos cerrados) y provocaron con sus desmanes la intervención real, que acabó definitivamente con la autonomía municipal.

Las Cortes eran órganos representativos, herederos de la Curia Regia altomedieval, que ejercían cierto control sobre la acción de los monarcas. Éstos necesitaban su autorización para imponer tributos. Representantes de la nobleza, del clero y del pueblo formaban las Cortes. Si el rey no asistía, única autoridad con atribuciones para convocarlas, se llamaban «juntas» y sus decisiones no tenían carácter vinculante. El reino de León fue el primero en instituirlas y, a partir del siglo XIII, lo harían los demás Estados peninsulares.

Instituciones catalanas

La burguesía catalana creó durante la Edad Media una infraestructura institucional que madura durante el siglo XIII, de acuerdo con su mentalidad empresarial y con su sentido pactista del poder. El «Consulat de mar» (Consulado del mar) desempeñó funciones de tribunal mercantil y de asociación profesional. Los municipios conocieron su mejor época entre los siglos XIV y XV. Destacaba entre ellos el de Barcelona, ciudad que gozaba de autonomía administrativa, acuñaba moneda, mantenía flota propia y defendía sus intereses en el extranjero a través de numerosos cónsules. Las «Corts» (Cortes) no otorgaban su aprobación a las propuestas del soberano si éste no se comprometía previamente a satisfacer las suyas.

El ordenamiento jurídico

Desde la invasión visigoda había en España, como hemos visto, una dualidad en cuanto al ordenamiento jurídico. Se aplicaba el principio germánico de la personalidad de las leyes, de modo que la comunidad hispanorromana continuó rigiéndose por las normas de Derecho romano. En el siglo VII se prohibió su aplicación al promulgarse el *Liber Iudiciorum,* más conocido por *Fuero Juzgo,* que era en realidad un intento de síntesis jurídica entre el Derecho romano y el germánico. La invasión musulmana volvió a plantear la misma situación, pues el Derecho islámico sólo se aplicó a los súbditos musulmanes.

La diversidad jurídica, paralela a la fragmentación política, es una característica importante de la España medieval. Entre los siglos XI y XIII surgen grandes grupos de Derechos: el castellano-leonés, el levantino y el pirenaico. Se caracterizan, sobre todo, por la importancia del Derecho local: los fueros. Existe a su vez una legislación de tipo tradicional que tiende a convertirse en un Derecho general unificado. Aunque esta tendencia fue cada vez más acusada, la unidad jurídica no se logró en la Edad Media. La tarea continuó durante épocas posteriores, siempre con grandes tensiones y sin que se alcanzara por completo hasta el siglo XVIII. Los Derechos forales perviven en la actualidad para algunas cuestiones concretas, como la herencia.

La vida espiritual

La Iglesia, las monarquías y los nobles fueron los poderes supremos durante la Edad Media hispánica. La Iglesia desempeñó importantes tareas económicas, culturales y asistenciales. Legitimó también la organización social y política, al mismo tiempo que mantuvo su independencia frente a la misma.

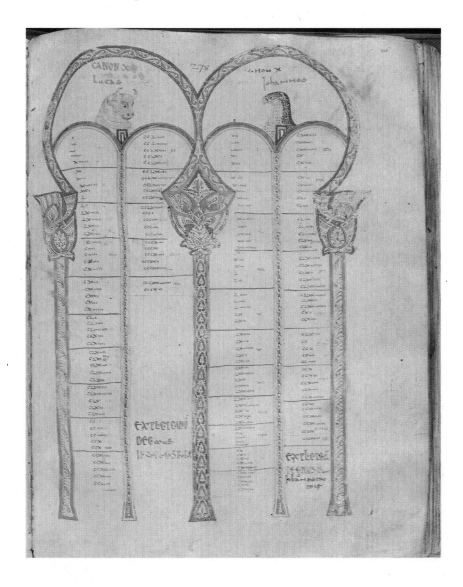

La convivencia tolerante de diversas culturas en la España medieval produjo frutos tan importantes como esta Biblia Hispalense, *escrita en hebreo, de la Biblioteca Nacional.*

Hechos importantes en la Iglesia medieval fueron la renovación a la que se sometió mediante la difusión de la reforma cluniacense; la introducción en la Corona de Aragón (1232) de la Inquisición, tribunal eclesiástico para la persecución de la herejía, que estaría posteriormente vigente en la totalidad del país entre 1478 y 1834; la fundación, en el siglo XIII, de las órdenes militares con la doble finalidad de luchar contra los musulmanes y de asistir a los peregrinos.

El hecho más relevante del Islam andalusí fue tal vez, además de la adopción de la doctrina jurídica «malikí», el gran auge del «sufismo», el misticismo musulmán, que postulaba la unión directa con Dios a través de la religión íntima y del sentimiento, frente a la religión intelectual.

La cultura medieval de Hispania, nexo entre Oriente y Occidente

La convivencia de Oriente y Occidente en la España medieval hizo posible el intercambio de influencias mutuas y la formación de una tradición cultural que combinaba el clasicismo y el orientalismo. Este hecho influiría, en gran medida, en las génesis del Renacimiento. Esa corriente cultural llegó a Europa a través del monasterio de Ripoll (Gerona), donde se tradujeron al latín numerosas obras árabes, y de la Escuela de Traductores de Toledo, en la que, bajo la dirección de Alfonso X el Sabio, se vertieron al castellano obras como el *Corán, Calila y Dimna,* así como los libros talmúdicos y cabalísticos.

Otras instituciones medievales importantes fueron las Universidades. La de Palencia fue la primera que se creó, en el año 1212.

Aportaciones notables a la ciencia de los hispanos medievales fueron los estudios matemáticos y astronómicos aplicados a la cartografía y a la navegación: Alfonso X les dedicó parte de su obra y los catalanes y mallorquines levantaron mapas y cartas de marear que serían de gran utilidad para las navegaciones atlánticas de los tiempos modernos.

Orígenes de la literatura española

Las «jarchas», manifestación de una tradición lírica popular antiquísima, son los textos literarios más antiguos que se conocen en una lengua romance hispánica: la de los mozárabes. Los primeros testimonios escritos de las otras lenguas romances aparecen en el siglo X. Tomarán el nombre de sus respectivos ámbitos geográfico-históricos: castellano, catalán y gallego. Durante el siglo XII se extenderá su uso literario.

El mester de juglaría

La épica medieval castellana fue obra de dos escuelas: la de los juglares, el «mester de juglaría», y la de los clérigos, el «mester de clerecía». Los juglares recorrían las calles y los palacios interpretando coplillas líricas y recitando poemas populares anónimos, los «cantares de gesta», que se transmitían oralmente. Empleaban un lenguaje «sobrio, sencillo y al mismo tiempo fuertemente expresivo» (Menéndez Pidal): *Cantar de Mio Cid,* de los *Infantes de Lara,* de *Fernán González,* etcétera.

Entre todos los cantares de gesta merece especial atención el de *Mio Cid,* del siglo XII, importante obra de la literatura española y el único que ha llegado completo hasta nuestros días.

> Mio Çid Ruy Díaz, por burgos entróve,
> En sue compaña sessaenta pendones;
> exien lo veer mugieres e varones,
> burgeses e burgesas, por las finiestras sone,
> plorando de los ojos, tanto avien el dolore.
> Da las sus bocas todos dizían una razóne:
> «Dios, qué buen vassallo, si oviesse buen señore!»
>
>   (Del *Cantar de Mio Cid.*)

> Mio Cid Ruy Díaz por Burgos entró,
> En su compañía sesenta pendones;
> salían a verlo mujeres y varones,
> burgueses y burguesas están en las ventanas,
> llorando de los ojos, tanto dolor tenían.
> De sus bocas todos decían una razón:
> «¡Dios, qué buen vasallo, si hubiese buen señor!»
>
>   (Versión al castellano moderno.)

El mester de clerecía

Surge en Castilla, en el siglo XIII, y desaparece a principios del siglo XV ante las nuevas modas literarias importadas de Italia. Sus características principales son el empleo de la «cuaderna vía», estrofa de catorce sílabas y rima consonante; el uso de un lenguaje culto al mismo tiempo que familiar; los temas históricos, novelescos y religiosos.

Gonzalo de Berceo es el primer poeta castellano de nombre conocido. Vivió entre finales del siglo XII y la primera mitad del siglo XIII. Escribió numerosas obras de tema religioso. Los *Milagros de Nuestra Señora,* que conmueven por su sencillez y fervor, son quizá su creación más lograda.

> Yo, maestro Gonçalvo de Verceo nomnado,
> yendo en romería caeçi en un prado
> verde a bien sençido, de flores bien poblado,
> logar cobdiçiaduero para omne cansado.
>
> Davan olor sobeio las flores bien olientes,
> refrescaban en omne las caras e las mientes,
> manaban cada canto fuentes claras corrientes,
> en verano bien frías, en ynvierno calientes.
>
>   (De los *Milagros de Nuestra Señora»,*
>   de Gonzalo de Barceo.)

Yo, maestro Gonzalo de Berceo nombrado,
yendo en romería caí en un prado
verde y muy intacto, de flores muy poblado,
lugar codiciable para hombre cansado.

Daban olor grande las flores bien olientes,
refrescaban en el hombre las caras y las mentes,
manaba cada piedra fuentes claras corrientes,
en verano bien frías, en invierno calientes.

(Versión al castellano moderno.)

Tres poemas muy importantes del mester de clerecía, anónimos los tres, son el *Libro de Alexandre,* el más extenso de la escuela; el *Libro de Apolonio,* de gran calidad literaria, y el *Poema de*

Página de El sacrificio de la Misa, *de Gonzalo de Berceo, Biblioteca Nacional, Madrid. Concurren en la obra de este poeta elementos cultos y populares; arcaísmos y formas dialectales riojanas y aragonesas. Pero estamos ante el primer poeta español de nombre conocido (finales del siglo XII).*

Fernán González, que relata las hazañas del primer conde de Castilla independiente.

La gran empresa cultural de Alfonso X el Sabio

La cultura castellana poseyó, durante el siglo XIII, un gran dinamismo, gracias a la labor literaria y científica del monarca Alfonso X el Sabio (1221-1284), que dirigió y escribió una obra ingente. La *Crónica General* es la primera Historia de España escrita en castellano. En la *General e Grande Estoria* relata el pasado de la Humanidad. En el campo del Derecho se hizo eco de la nueva orientación romanista que recogió en su extenso código *Las Siete Partidas.* Obras suyas de carácter científico son los *Libros del Saber de Astronomía,* el *Libro de las Tablas Alfonsíes* y el *Lapidario.* Entre sus obras de entretenimiento destacan los *Libros de Ajedrez, Dados y Tablas.* Su producción poética la componen las *Cantigas de Santa María,* redactadas en gallego y referidas principalmente a milagros marianos.

Miniatura de la Crónica General, *de Alfonso X el Sabio, Monasterio de El Escorial. El artista pretendió retratar a Ramiro I de León, rodeado de su Corte.*

...et compusiémos este libro de todos los fechos que fallar se pudieron della desdel tiempo de Noé fasta este nuestro. Et esto ficiémos porque fuesse sabudo el comienço de los españoles, et de cuáles yentes fuera España maltrecha, et que

sopiessen las batallas que Hércoles de Grecia fizo contra los españoles, et las mortandades que los romanos ficieron en ellos...

(De la *Crónica General,* de Alfonso X el Sabio.)

...y compusimos este libro de todos los hechos que pudieron hallarse desde el tiempo de Noé hasta este nuestro. E hicimos esto para que se supiese el comienzo de los españoles y qué gentes maltrataron a España y que supiesen las batallas que Hércules de Grecia hizo contra los españoles, y las mortandades que los romanos hicieron en ellos...

(Versión al castellano moderno.)

Moral burguesa y sentido didáctico en la literatura del siglo XIV

El realismo y la moral práctica y sensual de la burguesía se manifiestan, durante el siglo XIV, en autores como Juan Ruiz, Arcipreste de Hita, gran personalidad de humor refinado. Su *Libro de Buen Amor,* en el que mezcla elementos mundanos y ascéticos, recuerda por su estructura posibles modelos andalusíes, como la obra de Ibn Hazm.

Mucho sería villano e (muy) torpe pagés
si de la muger noble dixiese cosa refez,
ca en muger losana, fermosa e cortés,
todo bien d'este mundo e todo prazer es.

(Del *Libro de Buen Amor,*
de Juan Ruiz.)

Sería muy villano y (muy) torpe payés
si de la mujer noble dijese cosa vil,
pues en mujer lozana, hermosa y cortés,
todo bien de este mundo y todo placer es.

(Versión castellana moderna.)

La obra del infante don Juan Manuel se enmarca dentro de la tradición didáctico-moralizante; especialmente su *Libro de Patronio o del Conde Lucanor,* colección de sentencias que terminan en una conclusión o moraleja.

La última obra notable relacionada todavía con la escuela del mester de clerecía, durante el siglo XIV, es el *Rimado de Palacio.* Su autor, don Pedro López de Ayala, es quizá el primer moderno de la literatura castellana y partícipe de la corriente crítica que anunciaba la futura conflictividad religiosa del Renacimiento.

Clasicismo y poesía cortesana en el siglo XV

Los autores hispanos se adhieren durante el siglo XV a una corriente literaria originada en Italia que, de acuerdo con los ideales renacentistas, gustaba de imitar los modelos clásicos y, en

consecuencia, tomaba del latín las novedades estilísticas y sintácticas: cultismos, prosa rimada, hipérbaton, etc. Durante este siglo
aparecen también la novela sentimental y las crónicas de carácter
biográfico.

Entre los prosistas más destacados de esta centuria están Enrique de Villena, que tradujo la *Eneida* y la *Divina Comedia,* y Alonso
Martínez de Toledo, que, en su libro *El Corbacho,* continúa la línea
iniciada por Juan Ruiz.

> Más te digo: que el diablo es semejante al ladrón que sale al
> camino al viandante; que después qu'el viandante le da de la
> moneda qu'el lyeve..., lyévale después por syniestros senderos a
> poner en poder de los que se temía...

(De *El Corbacho,*
de Alonso Martínez de Toledo.)

> Más te digo: que el diablo es semejante al ladrón que sale al
> camino al viandante; que después que el viandante le da de la
> moneda que lleve..., llévale después por siniestros senderos a
> poner en poder de los que se temía...

(Versión al castellano moderno.)

La poesía acusa los mismos ideales clasicistas que la prosa,
refleja también influencias trovadoresco-provenzales y es de carácter eminentemente cortesano, adoleciendo en ocasiones de cierta artificiosidad. Las colecciones de poemas o «cancioneros» son
notables. Entre los poetas, Íñigo López de Mendoza, marqués de
Santillana, autor de poemas y sonetos trovadorescos y doctrinales,
compuso unas famosas *Serranillas,* en las que describe el encuentro
entre una pastora y un caballero:

Serranillas de Moncayo,	Serranillas de Moncayo,
Dios vos de buen año entero,	Dios os dé buen año entero,
ca muy torpe lacayo	pues, de muy torpe lacayo,
faríades caballero.	haríais caballero.
. . . .	. . . .
Díxele: Dios vos mantenga	Díjele: Dios os mantenga
serrana de buen donaire.	serrana de buen donaire.
Respondió como en desgayre:	Respondió como al desgaire:
¡Ay!, que en hora buena venga	¡Ay!, que en hora buena venga
aquel que para Sanct Payo	aquel que para San Payo
desta yrá mi prisionero.	de ésta irá mi prisionero.
E vino a mí, como rayo,	Y vino a mí, como el rayo,
diziendo: ¡Presso, montero!	diciendo: ¡Preso, montero!
(*Serranilla,* del Marqués de Santillana.)	(Versión al castellano moderno.)

A la tradición simbolista medieval responde el poema *El
Laberinto de Fortuna,* de Juan de Mena, poeta que gustaba de los
neologismos y de la ruptura del orden lógico de la frase.

Jorge Manrique, a quien debemos las famosas *Coplas a la
muerte de su padre,* fue un gran poeta del siglo XV. Se trata de una
obra intemporal, que ha mantenido su capacidad de evocación a

través de los siglos, y de la elegía más elevada de la lírica castellana, por la belleza de su lenguaje y la sentida emoción de sus versos:

> Recuerde el alma dormida,
> avive el seso y despierte
> contemplando
> cómo se pasa la vida,
> cómo se viene la muerte
> tan callando;
> cuán presto se va el placer,
> cómo después de acordado
> da dolor,
> cómo, a nuestro pareçer,
> cualquiera tiempo passado
> fue mejor.
> . . . .
> Nuestras vidas son los ríos
> que van a dar en la mar,
> que es el morir;
> allí van los señoríos
> derechos a se acabar
> y consumir;
> allí los ríos caudales,
> allí los otros medianos
> y más chicos;
> allegados, son iguales
> los que viven por sus manos
> y los ricos.

(De *Coplas a la muerte de su padre,*
de Jorge Manrique.)

El teatro medieval

Los dramas más antiguos tuvieron carácter litúrgico. El *Auto de los Reyes Magos* es el único ejemplo en lengua castellana que se conoce de los anteriores al siglo xv. También debió de existir un teatro profano, como se deduce de algunas referencias históricas a los «juegos de escarnio», escenificaciones de tipo festivo muy frecuentes en los siglos medievales.

Literaturas catalana, gallega y vasca

La poesía catalana, que estuvo muy influida por la provenzal hasta el siglo xv, renace en esta centuria con todo su esplendor, gracias a creadores como el valenciano Ausías March, autor de 116 *Cants* (Cantos), que habrían de inspirar a muchos literatos posteriores.

> Plena de seny dir-vos que.us am no cal;
> puys crech de cert que.us ne teniu per certa
> si bé mostrau que.us está molt cuberta
> cella per qué y Amor és desegual.

(De la *Obra poética,* de Ausías March.)

Prudente dama, no diré que os amo,
pues de vuestra certeza cierto estoy:
si bien mostráis que os permanece oculta
la causa de que amor sea desigual.

(Traducción.)

La prosa se había convertido en un medio de expresión espléndido, durante el siglo XIII, con el mallorquín Ramón Llull, gran conocedor de la filosofía oriental y de la lengua árabe. Continuó su desarrollo sin influencias externas y, paralelamente a la poesía, conoció también un período áureo durante el siglo XV. En esta centuria se distingue la personalidad de Joanot Martorell, autor de *Tirant lo Blanch,* novela de caballería alabada por Cervantes como «tesoro de contento y mina de pasatiempos».

Mucha duda tengo que a la señora Princesa no le aya venido algún daño por mi causa. Quiero tornar a socorrerla, si en algo lo oviere menester. Dixo el vizconde: ¡Por mi fe, vos estáys muy dispuesto para ayudarla! Señor Vizconde —dixo Tirante—, ya no siento mal ninguno, que ya sabéis que el mayor mal cessa al menor, por que os pido de merced que tornemos a la ciudad a darle socorro.

(Del capítulo CXVII de la versión castellana,
impresa en Valladolid, en 1511,
de *Tirante el Blanco,* de Joanot Martorell.)

El teatro tuvo notable difusión en la Corona de Aragón durante la Edad Media. De finales del siglo XV proceden varias obras, como el llamado *Misterio de Elche,* que continúa representándose en nuestros días. Durante el Renacimiento, los literatos adoptaron espontáneamente el castellano. El catalán dejó de utilizarse como lengua literaria, función que no volverá a recobrar hasta el siglo XIX, con el movimiento literario conocido como *Renaixença.*

La literatura en gallego se cultivó también en Castilla-León y en Portugal durante la Edad Media. Sus primeros testimonios son, desde finales del siglo XII, los «Cancioneros» o recopilaciones de cancioncillas. Los cancioneros castellanos del siglo XV aún continuaban recogiendo composiciones en esta lengua, que era la preferida para la expresión lírica.

Durante el Renacimiento decayó el uso literario del gallego y, como en el caso del catalán, no recobraría esta función hasta el siglo XIX, con el movimiento literario del *Rexurdimento.*

Cativo de miña tristura
xa todos prenden espanto
e preguntan que ventura
foi que me atormenta tanto.
Mais non sei no mundo amigo
a quen mais de meu quebranto
diga desto que vos digo:

Quen ben see, nunca debía
al pensar, que fas folía.

(Poesía de
Macías o Namorado, s. XIV.)

Cautivo de mi pesar
a todos causo ya espanto
y preguntan qué avatar
vino a atormentarme tanto.
Mas no hay en el mundo amigo
nadie que de mi quebranto
diga más que esto que os digo:

Quien esté bien, nunca debiera
pensar en nada más, pues es locura.

(Traducción.)

Página del Beato de la catedral de Gerona. Es uno de los magnos ejemplares mozárabes que aún se conservan.

La literatura vasca medieval fue sobre todo oral, con predominio de los temas líricos sobre los épicos. Hay noticias, sin embargo, de la existencia de literatura escrita: textos de canciones y cancioncillas. El primer testimonio literario escrito no aparecerá, de todas maneras, hasta mediados del siglo XVI. Es el libro titulado *Linguae Vasconum Primitiae* (Primicias de la lengua de los vascones), del sacerdote Bernat Dechepare.

Originalidad de las corrientes artísticas prerrománicas

La pluralidad cultural de la Hispania medieval se manifestó en la originalidad y variedad de las formas artísticas prerrománicas, en los llamados arte asturiano y arte mozárabe.

El reino de Asturias continuó la tradición artística hispanorromana visigoda, que evolucionó aisladamente hasta originar una singular arquitectura. El arco de herradura es sustituido en ella por el de medio punto y se prefiere como cubierta la bóveda de cañón. Los monumentos más característicos son de mediados del siglo IX: Santa María del Naranco, San Miguel de Lillo y Santa Cristina de Lena.

Los mozárabes construyeron sus templos según unos cánones artísticos en los que se fusionaban elementos visigodos y andalu-

Martirio de San Clemente, detalle del frontal procedente de San Clemente de Tahull que se conserva en el Museo de Arte de Cataluña (Barcelona). Es un bello ejemplar de la pintura románica catalana.

síes; entre ellos los arcos de herradura y las bóvedas de nervios. San Miguel de la Escalada (León) destaca entre las iglesias mozárabes por su bello pórtico de arcos califales.

Los mozárabes decoraron Códices, Beatos y Biblias en un estilo inspirado también en las tradiciones goda y andalusí, de la que tomaron la escritura árabe como elemento decorativo.

El románico, arte de una sociedad rural

El románico, arte eminentemente religioso y propio de una sociedad rural como era la feudal, penetra en España, como ya hemos indicado, a lo largo del siglo XI y a través del Camino de Santiago.

Los elementos arquitectónicos propios de los edificios románicos son las bóvedas de medio cañón, los arcos de medio punto y la

Detalle de las figuras de profetas en el Pórtico de la Gloria de la catedral de Santiago de Compostela. Obra de transición del románico al gótico, realizada a fines del siglo XII por el Maestro Mateo, es una de las cumbres de la escultura universal.

decoración de motivos geométricos. Se obtiene así una impresión de gran solidez. Las columnas y las portadas llevan a veces figuras humanas adosadas y las representaciones de animales se usan frecuentemente con significado simbólico. Los capiteles y los tímpanos adoctrinan a los fieles con escenas bíblicas esculpidas en sus superficies.

Las primeras iglesias románicas se levantan en Cataluña y el nuevo arte se difunde, entrado el siglo, por todo el territorio cristiano. Varias catedrales más tardías, como las de Tarragona y Lérida, tienen ya algunos elementos góticos. Las de Salamanca, Zamora y la colegiata de Toro están coronadas por curiosos cimborrios de inspiración bizantina. La obra capital del románico hispánico es la catedral de Santiago de Compostela, a la que se añadiría una bella fachada barroca en el siglo XVIII.

La escultura románica es, sobre todo, simbolista y representa un importante elemento decorativo al servicio de la arquitectura. Las esculturas de bulto redondo más frecuentes son imágenes del Crucificado, indiferente al dolor (Cristo en Majestad), así como Vírgenes con el Niño representados frontalmente y sin relación mutua de afectividad. Bellas muestras de la escultura románica son las de la Puerta de las Platerías, en la catedral de Santiago de Compostela, y las del claustro bajo del monasterio de Silos (Burgos).

En el siglo XII los escultores relacionan entre sí las figuras de los grupos; innovación que anunciaba la transición al gótico. Esta nueva actitud se advierte en el bellísimo Pórtico de la Gloria, de la catedral de Santiago de Compostela, obra del maestro Mateo, que produce una lograda sensación de serenidad. La gran portada del monasterio del Ripoll (Gerona) y numerosos claustros catalanes son también del siglo XII.

Los pintores románicos, que desconocían la perspectiva y se centraron en conseguir rostros idealizados de intensa expresividad, dejaron muestras espléndidas de su arte en los ábsides de San Clemente y de Santa María de Tahull (hoy en el Museo de Arte de Cataluña) y en el conjunto mural de San Isidoro de León, uno de los más importantes de la pintura románica universal.

El gótico, arte de la burguesía y de las ciudades

Si el románico fue un arte rural, el gótico es esencialmente urbano: es el arte de la burguesía, que aplicó principios racionalistas y dio un marcado sentido poético a sus creaciones. Los arquitectos espiritualizaron las formas y elevaron la altura de los edificios. Los escultores y los pintores abandonaron el simbolismo románico y gustaron de lo natural e incluso de lo popular.

El gótico, traído a España en el siglo XII por los cistercienses (benedictinos reformados), tuvo gran difusión por todo el país. Algunos ejemplos son los monasterios de Santes Creus (Tarragona) y Las Huelgas (Burgos). También, y sobre todo, numerosas catedrales como las de Ávila (siglo XII); Burgos, Toledo y León (siglo XIII); Barcelona, Gerona y Palma de Mallorca (siglo XIV);

Interior de la catedral de León (izq.), la más pura de España dentro del estilo francés. Se observa la gran superficie que ocupan las vidrieras. El claustro del Colegio de San Gregorio, en Valladolid (dcha.), es una expresiva muestra del gótico florido o Isabel.

Sevilla (siglo XV); Segovia y catedral nueva de Salamanca (siglo XVI).

El gótico no fue un estilo exclusivamente religioso. Burgueses y nobles lo emplearon también en sus palacios y en muchos edificios de carácter civil, especialmente en Cataluña: Salón del Tinell (Palacio Real de Barcelona) y numerosas residencias y lonjas de comercio, como las de Palma de Mallorca y Zaragoza.

En los últimos años del primer tercio del siglo XV se introduce en España el gótico flamígero o florido que, al incorporar elementos mudéjares, origina el estilo llamado «Reyes Católicos» o «Isabel», en la segunda mitad del siglo. Obra destacada del primer período es el convento de San Juan de los Reyes (Toledo); del segundo, los palacios de Javalquinto (Baeza, Jaén) y del Infantado (Guadalajara). A esta etapa decorativa del gótico final pertenecen también la cartuja de Miraflores (Burgos); las fachadas de San Pablo y San Gregorio (Valladolid), cuya ornamentación refleja el impacto de las novedades americanas, y la Capilla Real de Granada, donde están enterrados los Reyes Católicos.

El maestro Bertoméu, autor del sepulcro de Pedro el Grande (Pedro III de Aragón) en Santes Creus, encabezó, a finales del siglo XIII, una escuela de escultura gótica catalana muy activa, que pronto se interesaría por la expresividad de las figuras. Este fue el caso de Pedro Johan, escultor del retablo de la catedral de Tarragona y uno de los más grandes del gótico. En sus últimas manifestaciones, la escultura es sensible a la influencia de la rigidez y el geometrismo de las formas propias del arte flamenco. Al mismo tiempo, el clasicismo comienza a insinuarse en obras como el sepulcro del «Doncel de Don Enrique el Doliente» (catedral de Sigüenza, Guadalajara).

La pintura tuvo un gran desarrollo a partir de la segunda mitad del siglo XIV, como consecuencia de la generalización del gusto por la decoración de los retablos. Al fundirse las tradiciones borgoñona, flamenca e italiana, se originó un nuevo estilo, llamado «gótico internacional», que enlazaría con el clasicismo. Se distinguen en él artistas como el catalán Borrasá, autor de la *Transfiguración* de la catedral de Barcelona.

Las viejas raíces de la polifonía

La polifonía se desarrolló en España a partir de la introducción de la liturgia y el canto romanos, en el siglo XI. Su origen es, pues, muy remoto, y esto explica que una composición española a tres voces sea la más antigua que se conserva en Europa.

Gran parte de la poesía medieval se componía para ser cantada. Desgraciadamente no se ha conservado la música, excepto la de algunas cantigas, como las de Alfonso X el Sabio, cuyas melodías son hoy conocidas e incluso forman parte del repertorio discográfico.

Mestizaje cultural andalusí

La cultura andalusí fue, como la propia sociedad, mestiza y bilingüe. Los andalusíes empleaban el árabe clásico para la religión y para el Derecho; pero usaban el árabe dialectal y la lengua romana de los cristianos en sus relaciones cotidianas. Sus creaciones intelectuales y artísticas manifiestan siempre la doble huella del clasicismo y de su orientalismo original.

Pensamiento filosófico y científico andalusí

Varios andalusíes aportaron a la filosofía musulmana independiente un gran sentido crítico y racionalista. El neoplatónico Ibn Bayya (Avempace) consideraba que la unión del alma con Dios es el resultado de un proceso intelectual. Ibn Tufayl (Abentofail) pensaba que la razón humana es capaz de descubrir la vida intelectual y que el alma puede comprender el mundo físico. Ibn Rusd (Averroes), nacido en Córdoba en 1126, profesó la armonía entre la fe y la ciencia, entre la filosofía y la religión, puesto que ambas buscan la verdad. Defendió también el método experimental y asumió la lógica de Aristóteles, de quien fue el «comentador» por excelencia. La idea de que el mundo ha sido producido por Dios desde toda la eternidad y la de que Dios ha creado la primera inteligencia, de la cual procede la razón humana, son los basamentos fundamentales de su sistema. El pensamiento polifacético de Averroes perviviría durante siglos en las Universidades europeas.

Literatura andalusí

El siglo XI fue la gran época de la lírica: una centuria en la que los poetas de las cortes taifas se interesan por la naturaleza y por la mujer; temas que envuelven en una sutil atmósfera entre lírica y erótica.

El Museo del Ejército, en Madrid, guarda entre sus piezas más preciadas esta bella espada que perteneció a Boabdil, último rey de Granada. La riqueza ornamental de su empuñadura revela el alto nivel del arte nazarí en el siglo XV.

Entre los poetas que alcanzaron justa fama se encuentran Ibn Hazm (Ben Hazam), filósofo e historiador de las ideas y gran lírico, autor de *El collar de la paloma,* de elegantes y espontáneos versos; Al Mutamid, rey de Sevilla, autor de sentidos poemas como los redactados en su exilio magrebí, cuando, encarcelado por los almorávides, recordaba los días de gloria pasados; Ibn Zaydún, que dedicó sus mejores versos a su amada, a la ciudad de Córdoba y a Medina Azàhara:

Los arriates me sonríen con sus aguas de plata,
que parecen collares desprendidos de las gargantas.
Así fueron los días deliciosos que ya pasaron,
cuando, aprovechando el sueño del Destino, fuimos
ladrones de placer...

(Ibn Zaydún.)

Los almohades, pueblo más culto que los almorávides, protegieron las bellas artes y la poesía, que continuó en el siglo XII con todo su esplendor. En este siglo vivió el gran maestro del «zéjel» (nombre de la moaxaja en lengua vulgar) Ibn Quzmán, autor de un famoso cancionero:

> Quien diga que esta zéjel es genial, dice la verdad.
> Me vino así, improvisado, en el estilo de la loa.
> El que lo lea dirá: ¡Esto sí que es gracioso!
> Si mi lengua no fuera capaz de decir cosas graciosas,
> [me la arrancaría.
>
> (Ibn Quzmán.)

Las formas clásicas de la poesía tradicional se actualizaron en la Granada nazarí. Allí vivían, en el siglo XV, dos grandes poetas: Ibn al Játib, autor de moaxajas y zéjeles, e Ibn Zamrak, poeta panegírico cuyos versos decoran, en bellísima caligrafía árabe, diversos lienzos de pared de la Alhambra de Granada.

La prosa tuvo muchos cultivadores. Destacan, especialmente, la historia y las relaciones geográficas (*Memorias,* del rey Abdallah; *Historia crítica de las religiones, sectas y escuelas,* de Ibn Hazm, etc.), así como el género epistolar y el denominado «maqamat», que describe las aventuras de un pícaro. Este último se ha considerado, a veces, como el precedente de la novela picaresca española.

Arte hispanomusulmán

La expresión «arte hispanomusulmán» describe adecuadamente el doble origen (clasicismo-orientalismo) del arte de los andalusíes. Éste ha tenido una prolongada vigencia en el tiempo desde el siglo VIII, ya que se prolongó en el mudéjar —alguno de cuyos

Decoración exterior en la Mezquita de Córdoba (izq.) y Patio de los Leones, en la Alhambra de Granada (dcha.).

elementos fueron llevados a América por los españoles— y en el hispanomorisco o «andaluz», que se mantiene en el norte de África. Más adelante examinaremos las principales manifestaciones del mudéjar.

La etapa califal es la primera del arte hispanomusulmán. En ella maduraron sus rasgos fundamentales, sobre todo los arquitectónicos: arcos de herradura; bóvedas de nervios, que pasarían al gótico; encuadres decorativos de las puertas; ornamentación de motivos vegetales en relieve plano.

El monumento califal más importante es la gran mezquita de Córdoba. La mayoría de los emires y califas, especialmente Al Hakam II, dejaron en ella huellas de su labor constructiva. En el reinado de este último se inició una tendencia decorativista: comenzaron a superponerse los arcos; se diseñaron bóvedas espléndidas y se decoró el «mihrab» con cerámica vidriada y bellas inscripciones en caracteres árabes. Medina Azahara, ciudad palaciega construida en las proximidades de Córdoba por Abderramán III, es también de época califal. Hoy sólo se conservan sus impresionantes ruinas.

El estilo califal evolucionó en los reinos de taifas según la tendencia decorativa y barroca de Al Hakam II. Así se advierte en el palacio de la Aljafería, de Zaragoza, construido en el siglo XI. Esta tendencia remitió con los almorávides y con los almohades. En la época almohade se introdujeron las redes de rombos y los mocárabes (prismas que forman estalactitas) como principales motivos ornamentales. De este período son la Giralda y la torre del Oro sevillanas.

En la etapa nazarí, última del arte hispanomusulmán, culmina definitivamente el barroquismo y se crea un tipo original de columna cuya cualidad fundamental es la fragilidad aparente motivada por la finura de su diseño.

El logro supremo del arte nazarí es la Alhambra de Granada, levantada sobre una colina en las estribaciones de Sierra Nevada, entre los siglos XIII y XIV. La Alhambra, feliz combinación de arquitectura y de naturaleza, es el exponente máximo del grado de refinamiento conseguido por los andalusíes. Es también uno de los palacios medievales más bellos y originales de Europa.

Arte mudéjar

Los musulmanes que continuaban viviendo en los territorios reconquistados por los cristianos reciben el nombre de mudéjares. Ellos crearon un arte, muy original, cuya característica esencial consiste en la incorporación de elementos decorativos hispanomusulmanes a estructuras arquitectónicas cristianas. Se extiende desde la segunda mitad del siglo XII hasta finales del XV, momento en que retrocede ante la penetración del Renacimiento. Su época de mayor esplendor coincide con el reinado de Pedro I de Castilla, llamado el Cruel (1350-1369).

En el arte mudéjar se dan dos tendencias bien diferenciadas: la imitación del arte musulmán (Alcázar de Sevilla y Palacio de

Tordesillas) y la mezcla de los estilos cristiano y musulmán. Esta segunda, la más original y fructífera, suele dividirse en dos períodos: románico-mudéjar y gótico-mudéjar. El primero se inicia en la segunda mitad del siglo XII y se prolonga durante el primer tercio del siglo XIII. Recibe también el nombre de «románico de ladrillo» y se distingue por el empleo de este material. Algunos ejemplos destacados son las iglesias de Santiago del Arrabal y de San Román, en Toledo; las de La Lugareja y San Martín, en Arévalo (Ávila), y la parroquia de Santerbás de Campos (Valladolid). El gótico-mudéjar florece también en Castilla (sinagogas de Santa María la Blanca y del Tránsito, en Toledo), pero se extiende al mismo tiempo por Aragón y por Andalucía. Destacan las torres mudéjares aragonesas, de planta cuadrada u octogonal, decoradas con paramentos de ladrillos y vistosas combinaciones de cerámica vidriada: San Martín, El Salvador y la catedral de Teruel; Santa María y San Andrés de Calatayud (Zaragoza). El grupo andaluz, concentrado principalmente en Sevilla, se distingue porque emplea formas arquitectónicas almohades con portadas y ábsides góticos (iglesias de Santa Marina y San Pablo). El monumento más representativo de Extremadura es el monasterio de Guadalupe (Cáceres), con un claustro mudéjar que preside un hermoso y original templete central.

La pervivencia del mudejarismo, que llega hasta nuestros días, se produjo sobre todo en las artes industriales: cordobanes y guadamecíes (trabajos en cuero); cerámica dorada de Manises (Valencia) y Cataluña; alfombras de Alcaraz; trabajos de carpintería y ebanistería.

Pervivencia de la música andalusí

La música fue muy popular en Al-Andalus. A mediados del siglo IX se creó allí el primer conservatorio islámico. La doble tradición oriental y local originó una producción musical singular que los moriscos (nombre aplicado a los mudéjares después de la caída de Granada) llevarían más tarde al norte de África. Allí constituye hoy una parte importante de su patrimonio cultural. Se le conoce con el nombre de «palabra de Granada» o «canto andaluz».

La cultura hispanohebrea

La cultura hebrea logró también un alto grado de desarrollo durante la Edad Media hispánica. Convivió con la cristiana y con la musulmana, estableciéndose entre ellas un intercambio constante de influencias mutuas. Esto ocurrió sobre todo en la Escuela de Traductores de Toledo, ciudad en la que, como en Córdoba y en otras muchas, proliferaron las escuelas talmúdicas y los centros culturales.

El pensamiento hispanohebreo, como el musulmán y el cristiano, fue esencialmente religioso y acusó la influencia del platonismo. Abengabirol, autor del libro *Fuente de vida,* concibe a Dios como Ser único e incognoscible y al hombre como una síntesis de todos los componentes del Universo. Maimónides, cordobés y contemporáneo de Averroes, es el más universal de los pensadores hispanohebreos. En su obra *Guía de los indecisos* define al hombre como un compuesto esencial de materia y de forma. Aborda también la demostración de la existencia de Dios con argumentos lógicos.

CRONOLOGÍA DE ALGUNOS HECHOS IMPORTANTES DURANTE LA EDAD MEDIA HISPÁNICA

— 711: Desembarco de los musulmanes en España.

— 722: Batalla de Covadonga e inicio de la Reconquista.

— 1070: Comienza la construcción de la catedral de Santiago de Compostela, el centro de peregrinación más importante de la Edad Media y punto de irradiación del europeísmo por la Península Ibérica.

— 1085: La reconquista de Toledo por Alfonso VI de Castilla provoca la invasión de nuevos pueblos africanos (almorávides y almohades), que restauran la unidad de

Al-Andalus durante cierto tiempo y contrarrestan el europeísmo que se difunde a través del Camino de Santiago.

— 1094: El Cid conquista Valencia.

— 1118: Alfonso I de Aragón conquista Zaragoza.

— 1212: Alfonso VIII de Castilla vence a los almohades en Las Navas de Tolosa (actual provincia de Jaén), abriendo así a las fuerzas cristianas el camino del valle del Guadalquivir.

— 1220-1238: Jaime I de Aragón conquista Mallorca y Valencia, que se había perdido después de la muerte del Cid.

— 1236: Fernando III conquista Córdoba.

— 1243: Fernando III instituye la Universidad de Salamanca, cuyo origen parece ser algo anterior.

— 1248: Fernando III conquista Sevilla.

— 1252: Alfonso X el Sabio, rey de Castilla y León.

— 1285: Pedro III de Aragón, el Grande, conquista Sicilia, confirmando así la vocación mediterránea de la Corona aragonesa.

— 1300: Se funda el «Estudi General de Lleida» (Estudio General de Lérida).

— 1324: Jaime II de Aragón conquista Cerdeña.

— 1340: Alfonso XI de Castilla vence a los benimerines en la batalla del Salado (cerca de Algeciras, en la actual provincia de Cádiz). Obtuvo así el control del Estrecho de Gibraltar y acabó definitivamente con las invasiones de los pueblos africanos.

— 1348: Epidemia de «peste negra», importante factor en el desencadenamiento de la crisis general del siglo XIV.

— 1391: Las aljamas (barrios judíos) son víctimas del acoso popular.

— 1416: Alfonso V, rey de Aragón y de Sicilia.

— 1441: Alfonso V, rey de Nápoles.

— 1462-1472: Cataluña padece una grave crisis social. Los payeses de remensa (campesinos adscritos a la tierra, que sólo podían abandonar mediante el pago de una cantidad —la remensa— fijada por su señor) se rebelan contra Juan II al mismo tiempo que los nobles.

— 1469: El heredero de la Corona de Aragón, Fernando, casa con la princesa Isabel, hermana del rey de Castilla. Éste es el motivo fundamental de la unión de ambos reinos.

— 1472: Primer libro impreso en España (Segovia) que ha llegado hasta nosotros.

— 1481: Comienzan las guerras contra el reino islámico de Granada.

— 1486: La sentencia arbitral de Guadalupe libera a los payeses de remensa.

BIBLIOGRAFÍA

— J. A. Maravall, *El concepto de España en la Edad Media,* Madrid, Centro de Estudios Constitucionales, 1981.
— J. A. García de Cortázar, *La época medieval,* Madrid, Alianza-Alfaguara, 1973.
— A. Barbero; M. Vigil, *Sobre los orígenes sociales de la Reconquista,* Barcelona, Ariel, 1984.
— A. Barbero; M. Vigil, *La formación del feudalismo en la Península Ibérica,* Barcelona, Crítica, 1982.
— A. Ramos Oliveira, *La unidad nacional y los nacionalismos españoles,* México, Grijalbo, 1970.
— Rachel Ariel, *España musulmana (siglos VIII-XV),* tomo III de la *Historia de España,* dirigida por M. Tuñón de Lara, Madrid, Labor, 1982.
— R. Barkai, *Cristianos y musulmanes en la España medieval,* Madrid, Rialp, 1984.
— L. Suárez Fernández, *Judíos españoles en la Edad Media,* Madrid, Rialp, 1980.
— J. A. Vaca de Osma, *Así se hizo España,* Madrid, Espasa-Calpe, 1979.

4. Internacionalización de los valores hispánicos. Los «Siglos de Oro» de la cultura

El Renacimiento.—Estado e Imperio.—La ruina de la burguesía y de los hidalgos.—Ruptura de la convivencia con las minorías étnico-religiosas.—La inquietud espiritual.—Un tribunal al servicio de la clase dirigente: la Inquisición.—Los «Siglos de Oro» de la cultura.—Las Ciencias.—Una gran obra literaria entre la novela y el teatro: «La Celestina».—La vieja épica medieval se prolonga en el «Romancero».—El teatro profano comienza durante la transición entre el Medievo y el Renacimiento.—Los poetas del siglo XVI adoptan las modas italianas.—El «Humanismo», forma cultural del Renacimiento.—Las grandes creaciones literarias de los ascetas y de los místicos.—La «novela picaresca», crónica de la sociedad de los «Siglos de Oro».—Miguel de Cervantes, personalidad universal de las letras españolas.—Un grupo de neoescolásticos formula el principio de la «soberanía nacional» y el padre Vitoria crea el «Derecho de gentes».—El triunfo del clasicismo en las artes.—Auge de la polifonía religiosa.—El descubrimiento de América.—Las «Leyes de Indias» y los sistemas de control de la acción gubernativa.—Sociedad y cultura indianas.—Cronología de algunos hechos importantes durante el Renacimiento.—Bibliografía.

La unidad dinástica entre las coronas de Castilla y de Aragón-Cataluña, seguida más tarde por la anexión de Navarra, no significó la identificación total entre ellas. Compartían la dependencia de un mismo soberano y el sometimiento común al tribunal de la Inquisición. Mantenían sus instituciones, y sus economías continuaban separadas. Esta situación se mantuvo hasta el siglo XVIII, pese a lo cual el Estado español alcanzó el cénit de su poder durante el siglo XVI. Durante esta centuria y la siguiente, los llamados «Siglos de Oro», se configura la cultura española y logra sus creaciones más geniales.

El Renacimiento

Los españoles asumieron con entusiasmo los ideales renacentistas e incluso impulsaron frecuentemente su realización práctica entre los pueblos europeos.

A pesar de que se mantuvo la organización pluralista de la Monarquía (las «Españas»), el nuevo sistema de gobierno autoritario y centralista, el Estado, que significaba el triunfo de la burguesía y de la realeza frente a los nobles, se impuso en gran medida durante el reinado de los Reyes Católicos.

El racionalismo renacentista estimuló la investigación científica, como veremos más adelante. El afán moderno por conocer el Universo y la Tierra, junto a otras motivaciones de carácter económico y religioso, como el ideal de extensión del cristianismo, fueron las causas de que los españoles protagonizaran algunos de los hechos más trascendentales del Renacimiento: el Descubrimiento y conquista de América, así como la circunnavegación del Planeta y la demostración consiguiente de su esfericidad. El interés renacentista por la explotación de los recursos naturales y por el incremento del comercio se manifestó en los estudios realizados por los españoles para conocer el medio geográfico americano y en los avances técnicos que introdujeron en la minería y en la navegación.

La Iglesia española refleja también la inquietud espiritual renacentista. Los intelectuales participan en la nueva corriente intelectual del Humanismo. El arte acusa pronto la influencia del clasicismo y los conquistadores intentan emular a los héroes clásicos en sus aventuras por la extensa geografía del continente americano.

Estado e Imperio

Los Reyes Católicos organizaron el Estado español moderno mediante la reducción del poder de las Cortes; la profesionalización del ejército; el reclutamiento del funcionariado entre la burguesía culta; la participación real en el nombramiento de los cargos eclesiásticos, y la reforma de la Administración. Crearon para ello, en el seno del antiguo Consejo Real (órgano consultivo que fue, con la Cancillería, instrumento supremo de gobierno), distintas «salas» especializadas: Estado, Hacienda, Justicia, etc.

Tras el fallecimiento de Isabel la Católica, heredaron la Corona de Castilla su hija Juana y el marido de ésta, Felipe I el Hermoso. Muerto Felipe e incapacitada doña Juana por su grave y progresi-

Vista de Granada (1565) por George Braum. La conquista de Granada y el final de la Reconquista, en el reinado de Isabel y Fernando, posibilitaron la organización de un Estado moderno. Obsérvese, a la derecha del grabado, una danza morisca.

va enfermedad mental, ejerció la regencia Fernando el Católico, que nombraría heredero de ambos reinos a su nieto Carlos de Gante. Primer soberano español de la Casa de Austria, desde 1516, y emperador de Alemania en 1519, sería el artífice de la supremacía de España en Europa. Su política fue continuada por su hijo Felipe II, que hubo de hacer frente al expansionismo turco y a la hostilidad de las potencias europeas. Felipe III acordó paces con los enemigos tradicionales del Estado español y, a principios del siglo XVII, se vivieron años de relativa calma. Los Austrias, como los Reyes Católicos, tuvieron que aceptar la tradicional pluralidad del sistema político español. Todo intento centralizador chocaba de inmediato con los defensores de las libertades forales. Desarrollaron para ello el sistema de Consejos, órganos de gobierno herederos de las «salas». El «secretario», alto funcionario elegido entre los miembros de la burguesía ilustrada, se encargaba de las relaciones con el soberano.

Las conquistas territoriales y las herencias pusieron un vastísimo imperio bajo el control de la Corona de España. La administración se llevó a través de un curioso sistema de equilibrio de poderes: los virreyes, representantes territoriales de la autoridad real, dependían de los Consejos (de Indias, de Italia, etc.), cuyos miembros, que procedían de los territorios respectivos, adoptaban las medidas pertinentes cuando detectaban cualquier irregularidad en el gobierno de sus lugares de origen.

Los valores hispánicos se internacionalizaron a través del Imperio y la cultura española logró amplia difusión geográfica.

La ruina de la burguesía y de los hidalgos

Las leyes de Toro reconocieron los mayorazgos (1504). Los comuneros —pequeña burguesía que, con pretexto de la creciente influencia que en un primer momento ejercieron los acompañantes flamencos de Carlos I, se alzaron contra el autoritarismo real y los privilegios de la nobleza— fueron derrotados en Villalar (1521). Los latifundios incrementaron su valor como consecuencia de la inflación provocada por las remesas de metales preciosos americanos. Todos estos hechos aumentaron el poder económico de la nobleza y provocaron la ruina de la burguesía. La inflación y el alza constante de los precios acabaron, en efecto, con la competitividad de los productos españoles. Numerosas empresas quebraron consiguientemente, y sus propietarios, los burgueses, dejaron de invertir. La masa de riqueza inmovilizada alcanzaría así cifras inconmensurables, y las clases trabajadoras, marginadas además por la deshonra de ejercer trabajos propios de judíos y de moriscos («oficios viles»), conocieron situaciones realmente dramáticas. Lo mismo sucedió a los «hidalgos», modesta nobleza descendiente de los caballeros medievales, que, condicionados por su aversión al trabajo manual y al pequeño comercio, por considerarlos impropios de su «status», se atrajeron la crítica mordaz de los autores de las novelas picarescas.

El oro americano, que se empleó sobre todo en sufragar las

Carlos I de España después de la batalla de Mühlberg, *por Tiziano. Museo del Prado.*

aventuras imperiales y en la compra de productos extranjeros, más baratos que los españoles, «pasó» simplemente por España. Los países receptores del mismo pudieron así fortalecer su industria y su burguesía, mientras la sociedad española se empobrecía y se afianzaba su estructura señorial.

Ruptura de la convivencia con las minorías étnico-religiosas

Las crisis del siglo XIV acabaron con la convivencia pacífica entre los tres pueblos del Medievo español: cristianos, musulmanes y judíos. La tendencia unionista, que había convertido la defensa de la religión católica en justificación de la existencia del propio Estado, obligó posteriormente a estas minorías a convertirse al cristianismo o a la expatriación. Ésta se llevó a efecto, en el caso de los judíos, en 1492 y, en el de los moriscos, entre 1609 y 1613. El éxodo originó un grave despoblamiento en algunas zonas de Levante y de Aragón. Las disputas religiosas entre moriscos y cristianos quedaron reflejadas en unos curiosos manuscritos llamados «aljamiados», en los que se empleó la lengua castellana escrita en caracteres árabes.

La inquietud espiritual

La inquietud espiritual renacentista originó en España varias tendencias o actitudes heterodoxas: una, puramente reformista, paralela al movimiento protestante europeo; otra, la de los «alumbrados» o «iluminados», que despreciaban los formalismos de la religión oficial y afirmaban que el alma puede lograr la unión con Dios a través de la simple contemplación; la de los erasmistas, finalmente, que postulaban una religiosidad íntima, basada en el método del libre examen de las Escrituras, al margen de las directrices de la Iglesia oficial.

La ortodoxia romana prevaleció, sin embargo, en España. Los españoles aportaron valiosos instrumentos para su defensa, como la reforma de las órdenes religiosas y la creación de la Compañía de Jesús, fundada por san Ignacio de Loyola en 1540. Igualmente importante fue, como explicaremos más tarde, el pensamiento de un grupo de neoescolásticos salmantinos que proporcionó valiosos argumentos al espíritu de la Contrarreforma (reforma católica) y destacó en el Concilio de Trento.

Un tribunal al servicio de la clase dirigente: la Inquisición

El Tribunal del Santo Oficio de la Inquisición fue instituido en España, en 1478, con el fin de perseguir a los falsos conversos o judaizantes. Los no católicos quedaban en principio fuera de su jurisdicción. Se convirtió, sin embargo, gradualmente en un complejo aparato represivo utilizado por el Estado y por los «cristia-

En este cuadro del Museo del Prado, Francisco de Ricci describió minuciosamente el auto de fe celebrado en Madrid el 30 de junio de 1680, bajo la presidencia de Carlos II. El lienzo está firmado en 1683 y es un documento histórico excepcional.

nos viejos» (denominación que los distinguía de los «cristianos nuevos» o conversos) para preservar la unidad de la fe católica y reprimir cualquier tipo de disidencia.

La Inquisición generó en la España moderna una religiosidad obsesiva y unas circunstancias poco apropiadas para la creación intelectual y científica. Muchos de los más grandes logros culturales de los españoles se realizarían, a pesar de ello, durante los siglos XVI y XVII.

Cuando al viejo problema de la difícil convivencia con las minorías étnico-religiosas se añadió el planteado por la aparición de teorías reformistas, la intolerancia religiosa arreció. Se establecieron entonces los «Estatutos de limpieza de sangre», que exigían demostrar la inexistencia de antecesores musulmanes y judíos para ingresar en las órdenes religiosas, en las militares y en las universidades. La prueba de limpieza se redujo, en 1623, a las dos generaciones precedentes, pero, hasta el siglo XIX, fue condición ineludible para entrar en las academias militares.

El problema religioso no encontró solución en España, como consecuencia de aquel riguroso control de las conciencias. Se prolongó casi hasta nuestros días y generó con frecuencia actitudes maximalistas en pro o en contra del catolicismo oficial.

Los «Siglos de Oro» de la cultura

La difusión de la imprenta y del Humanismo, así como la creación de la Universidad de Alcalá de Henares y la renovación de la de Salamanca, marcaron el comienzo de los llamados «Siglos de Oro». Los españoles estarían en la vanguardia de las letras y de las artes. La lengua, que se emplea como medio de expresión literario y de comunicación entre todos los pueblos hispánicos, se adopta también como lengua diplomática en las relaciones internacionales.

Las ciencias

Las universidades, la Casa de Contratación de Sevilla, la Academia de Matemáticas de Madrid y algunos hospitales y jardines botánicos fueron las principales instituciones científicas durante el siglo XVI.

La Astronomía y la Matemática, que habían tenido una tradición gloriosa durante la Edad Media, se cultivan ahora en sus aplicaciones a la cartografía y a la náutica, como consecuencia de los descubrimientos ultramarinos. *El arte de navegar,* de Pedro de Medina, fue, por ejemplo, libro de texto en las universidades europeas durante mucho tiempo. La Astronomía sigue la orientación copernicana. La obra de Copérnico se incluyó en los Estatutos de la Universidad de Salamanca (1561). La familia Roget, de Barcelona, estuvo entre los pioneros de la construcción de telescopios.

Con la creación del Consejo de Indias (1524) se puso en marcha un plan ambicioso de investigaciones geográficas. Su primer cosmógrafo-cronista, Juan López de Velasco, redactó un cuestionario básico como *Instrucción y memoria de las relaciones que se han de hacer para la descripción de las Indias.* Él mismo terminó, en 1574, una *Geografía y descripción universal de las Indias.* La labor cartográfica, especialmente la relacionada con América, siguió también una trayectoria brillante. La ingeniería, cuyos límites eran muy imprecisos en la época, contó con figuras destacadas, como el mecánico Juanelo Turriano y los numerosos autores de técnica militar.

La explotación de los yacimientos americanos fue la causa de un importante desarrollo de los métodos de amalgamación y de las técnicas de los ensayadores. El *Quilatador de la plata, oro y piedras,* de Juan de Arfe (1572), fue la primera monografía europea sobre el tema.

La historia natural, relacionada también con los descubrimientos en América, produjo obras tan originales y notables como la *Historia General y Natural de las Indias,* de Fernández de Oviedo, y la *Historia Medicinal de las cosas que se traen de nuestras Indias Occidentales,* de Nicolás Monardes.

Dos figuras excepcionales florecieron en el campo de la fisiología: Miguel Servet, con su descubrimiento de la circulación sanguínea, atisbo de las teorías circulatorias de Harvey, y Juan Huarte de San Juan, que, en su *Examen de ingenios para las ciencias,* considera al cerebro como la base orgánica del comportamiento humano. El saber médico alcanzó además un gran nivel científico en las obras de Andrés Laguna, Francisco Vallés, Luis Mercado, Juan Tomás Porcell y Dionisio Daza Chacón, entre otros. Los trabajos de anatomía se habían visto facilitados notablemente por la autorización de la disección de cadáveres en 1488.

EXAMEN
DE INGENIOS
PARA LAS SCIENCIAS.

EN EL QVAL EL LECTOR HALLA-
ra la manera de su ingenio, para escoger la sciencia en que
mas à de aprouechar. Y la differencia de habi-
lidades que ay en los hombres: y el gene-
ro de letras y artes que à cada vno
responde en particular.

·

¶ Compuesto por el Doctor Iuã Huarte de
sant Iuan. Agora nueuamente enmenda-
do por el mismo Autor, y añadidas
muchas cosas curiosas, y
prouechosas.

¶ Dirigido à la C. R. M. del Rey don Phelippe nuestro
señor. Cuyo ingenio se declara, exe nplificando
las reglas y preceptos desta
doctrina.

¶ Con nueuo Preuilegio del Rey N. S,

Impresso en Baeça. En casa de Iuã Baptista
de Montoya. Año de. 1594.

Izquierda: Libro de Calixto y
Melibea y de la puta vieja
Celestina *(Sevilla 1502).*
Derecha: Examen de ingenios
para las ciencias *(Baeza, 1594)*
*por el Doctor Juan Huarte de
San Juan.*

Una gran obra literaria entre la novela y el teatro: «La Celestina»

La Celestina es la obra más importante del reinado de los Reyes Católicos; es decir, del período de transición entre la Edad Media y el Renacimiento. Su autor, Fernando de Rojas, describe magistralmente el personaje central, Celestina, mediadora en los amores de Calixto y Melibea. El libro pertenece a un género muy singular, entre la novela y el teatro, ya que, a pesar de haber sido escrito en prosa para ser leído, tiene cierto carácter teatral.

MELIBEA: Amiga Celestina, mujer bien sabida y maestra grande, mucho as abierto el camino por donde mi mal te pueda especificar. Por çierto, tú lo pides como mujer bien experta en curar tales enfermedades. Mi mal es de coraçón, la izquierda teta es su aposentamiento, tiende sus rayos a todas partes. Lo segundo, es nuevamente naçido en mi cuerpo. Que no pensé jamás que podría dolor privar el seso, como éste haze. Túrbame la cara, quítame el comer, no puedo dormir, ningún jénero de risa querría ver. La causa o pensamiento, que es la final cosa por ti preguntada de mi mal, ésta no sabré dezirte...

(De *La Celestina,* de Fernando de Rojas.)

La vieja épica medieval se prolonga en el Romancero

El «Romancero» es una singular producción literaria española formada por poemas narrativos. Sus ejemplos más antiguos, del siglo XIV, son anónimos y proceden de los cantares de gesta. Su métrica es ágil y sencilla, adaptable al ritmo musical. Los temas que se tratan con más frecuencia son los históricos, los líricos y los novelescos.

Los romances se han conservado oralmente gracias a su difusión por diversos ámbitos geográficos, especialmente entre los judíos sefardíes. Durante el Renacimiento se publicaron, además, en pliegos sueltos y, posteriormente, en *Romanceros*. Muchos escritores los incluyeron también en sus obras. A partir del siglo XVI, la mayoría de los poetas escribieron romances y añadieron temas nuevos.

> ¡Abenámar, Abenámar, — moro de la morería,
> el día que tú naciste — grandes señales había!
> Estaba la mar en calma, — la luna estaba crecida,
> moro que en tal signo nace — no debe decir mentira.
> Allí respondiera el moro. — Bien oiréis lo que decía:
> Yo te la diré, señor, — aunque me cueste la vida,
> porque soy hijo de un moro — y una cristiana cautiva;
> siendo yo niño y muchacho, — mi madre me lo decía:
> que mentira no dijese, — que era grande villanía;
> por tanto pregunta, rey, — que la verdad te diría.
> Yo te agradezco, Abenámar, — aquesa tu cortesía.
> ¿Qué castillos son aquellos? — ¡Altos son y relucían!
> El Alhambra era, señor, — y la otra, la mezquita,
> los otros los Alixares, — labrados a maravilla.
> El moro que los labraba — cien doblas ganaba al día
> y el día que no los labra — otras tantas se perdía.
> . . . .
>
> (Del romance *¡Abenámar, Abenámar!*)

El teatro profano comienza durante la transición entre el Medievo y el Renacimiento

El género teatral, eminentemente religioso durante la Edad Media, tomó, entre finales del siglo XV y principios del siguiente, una tendencia profana y festiva que se manifiesta en autores como Juan del Encina, que utiliza el amor, en ocasiones, como base del argumento. Lope de Rueda, precursor del teatro clásico español, introdujo las modas renacentistas en el teatro durante la primera mitad del siglo XVI. Fue el primer dramaturgo que empleó la prosa popular en lugar del verso. Gustó de los temas amorosos y de enredo, que solía interrumpir con escenas cortas que nada tenían que ver con la acción principal. Éste fue el origen de un género nuevo, el «entremés», de carácter jocoso.

Los poetas del siglo XVI adoptan las modas italianas

A principios del siglo XVI, los poetas aceptan definitivamente las nuevas corrientes literarias italianas. Tratan, en consecuencia, nuevos temas, como los mitológicos, el amor platónico y los relativos a la naturaleza, y emplean nuevas formas de versificación (sonetos, liras, tercetos, etc.). El nuevo estilo fue introducido por el catalán Boscán y contó pronto con grandes adeptos, como Garcilaso de la Vega, poeta amoroso en quien la naturaleza adquiere dimensión humana.

> ¡Oh, hado secutivo en mis dolores,
> cómo sentí tus leyes rigurosas!
> Cortaste el árbol con manos dañosas
> y esparciste por tierra fruta y flores.
>
> En poco espacio yacen los amores,
> y toda la esperanza de mis cosas,
> tornadas en cenizas desdeñosas,
> y sordas a mis quejas y clamores.
>
> Las lágrimas que en esta sepultura
> se vierten hoy en día y se vertieron
> recibe, aunque sin fruto allá te sean,
>
> hasta que aquella eterna noche escura
> me cierre aquestos ojos que te vieron,
> dejándome con otros que te vean.

(*Soneto,* de Garcilaso de la Vega.)

La lírica italianizante se renovó en las escuelas sevillana y salmantina, creadas, respectivamente, por Fernando de Herrera, poeta innovador, y por Fray Luis de León, más sobrio que el anterior, autor de elegante prosa y de una breve pero espléndida obra poética: unas treinta odas en las que se advierte el recuerdo de Horacio:

> ¡Qué descansada vida
> la del que huye el mundanal ruido
> y sigue la escondida
> senda por donde han ido
> los pocos sabios que en el mundo han sido!
>
> Que no le enturbia el pecho
> de los soberbios grandes el estado,
> ni del dorado techo
> se admira, fabricado
> del sabio moro en jaspes sustentado.
> . . . .

(De *Vida retirada,* de Fray Luis de León.)

El Humanismo, forma cultural del Renacimiento

Muchos intelectuales españoles se sintieron atraídos por los nuevos ideales culturales renacentistas: el humanismo y el racionalismo de Erasmo, pensador que tuvo muchos seguidores en España y que incluso fue invitado a participar en la magistral obra de la Biblia Políglota Complutense.

Alfonso de Valdés, crítico de las costumbres relajadas de la Curia romana y de los formalismos de culto, y partidario de la reforma y de la religión íntima, es un ejemplo de la influencia de

DIALOGO DE MER-
CVRIO Y CARON; EN QVE ALLEN
DE DE MVCAS COSAS GRACIOSAS
y de buena doctrina: se cuenta lo que ha acae
scido en la guerra desdel año de miil yQ ui
nientos y veynte y vno hasta los de
saños delos Reyes de Francia et
ynglaterra hechos al Em-
perador en el año de
M. D. xxiij.

Alfonso de Valdés, cuyo Diálogo de Mercurio y Carón (1523) fue prohibido por la Inquisición, es uno de los erasmistas españoles más destacados. El Humanismo español tuvo gran importancia y buena difusión a pesar de las trabas inquisitoriales.

Erasmo entre los humanistas españoles. Su obra *Diálogo de Mercurio y Carón* sería prohibida por la Inquisición.

> MERCURIO: Todos essos eran buenos medios para seguir la doctrina christiana si armavan a tu complissión, mas por dezirte la verdad, aún no te he oído dezir cosa por donde te deviesses llamar perfecto ni esperar de subir al cielo.
> ANIMA: ¿Cómo no? Aína me harías tornar loco.
> MERCURIO: Porque essas obras eran exteriores y solamente medios para subir a las interiores, y tú fiavaste tanto en ellas que no curavas de otra cosa. Si no, respóndeme a lo que te preguntare.
>
> (Del *Diálogo de Mercurio y Carón*,
> de Alfonso de Valdés.)

Elio Antonio de Nebrija, autor de un *Arte de la Lengua Castellana* o *Gramática Castellana,* la primera impresa en lengua romance, y Luis Vives, el «gran pedagogo del Renacimiento», que se adelantó a su tiempo histórico al aplicar métodos experimentales al estudio del psiquismo, se cuentan entre las personalidades importantes del Humanismo español.

Las grandes creaciones literarias de los ascetas y de los místicos

El afán renovador renacentista no sólo originó formulaciones y tendencias heréticas en el seno de la Iglesia católica, sino también la intensificación de la fe y de las prácticas religiosas. Junto a iluminados, alumbrados, erasmistas y reformistas, maduró, a mediados del siglo XVI, el movimiento teológico de los ascetas y de los místicos, entre los que varios españoles harían grandes aportaciones en el campo de la religión y de la literatura.

Fray Luis de Granada intenta indicar el camino hacia la perfección con un lenguaje preciso y sugerente:

> Día vendrá (y no sabes cuándo, si hoy, si mañana) en el cual tú mismo, que estás agora leyendo esta escriptura sano y bueno de todos tus miembros y sentidos, midiendo los días de tu vida conforme a tus negocios y deseos, te has de ver en una cama, con una vela en la mano, esperando el golpe de la muerte y la sentencia dada contra todo linaje humano, de lo cual no hay apelación ni suplicación.

(Del capítulo II de la *Guía de pecadores,*
de Fray Luis de Granada.)

Santa Teresa de Jesús (Teresa de Cepeda, 1515-1582), reformadora de la Orden Carmelita, es poeta de estilo tradicional y lenguaje espontáneo, de tono familiar, conseguido mediante el empleo de frecuentes diminutivos e incluso de algunos vulgarismos. En sus libros en prosa, además de referir sus experiencias personales, trata de mostrar la vía para la unión con Dios y para lograr una vida espiritual mejor:

> Vivo sin vivir en mí,
> y tan alta vida espero,
> que muero porque no muero.
>
> Vivo ya fuera de mí,
> después que muero de amor;
> porque vivo en el Señor,
> que me quiso para sí:
> cuando el corazón le di
> puso en mí este letrero,
> que muero porque no muero.
>
> Esta divina unión,
> y el amor con que yo vivo,
> han hecho a mi Dios cautivo,
> y libre mi corazón;
> y causa en mí tal pasión
> ver a Dios mi prisionero,
> que muero porque no muero.

(De *Aspiraciones de Vida Eterna,*
de Santa Teresa de Jesús.)

La figura literaria cumbre del misticismo español fue San Juan de la Cruz (1542-1591), autor de refinado estilo, formación culta y cuidada poesía que se inspira en la Biblia y en la tradición

*Retrato anónimo de Santa
Teresa de Jesús, que se
conserva en la Real Academia
Española. Ella representa,
como San Juan de la Cruz, la
cumbre de la literatura mística.*

española. Su razonada lírica, su singular simbolismo y el tono
íntimo y afectivo hacen de San Juan de la Cruz uno de los poetas
más grandes de los «Siglos de Oro». Compuso tres grandes
poemas, comentados también en prosa, que son un conjunto
admirable de doctrina mística en el que se conjugan los valores
literarios y los filosóficos:

> En una noche oscura,
> con ansias en amores inflamada,
> ¡oh, dichosa ventura!
> salí sin ser notada,
> estando ya mi casa sosegada.
>
> A escuras, y segura
> por la secreta escala disfrazada,

¡oh, dichosa ventura!
A escuras, y en celada,
estando ya mi casa sosegada.

En la noche dichosa,
en secreto, que nadie me veía,
ni yo miraba cosa,
sin otra luz, y guía,
sino la que en el corazón ardía.

Aquesta me guiaba
más cierto que la luz del mediodía,
a donde me esperaba
quien yo bien me sabía,
en parte donde nadie parecía.

(De *Canciones,* de San Juan de la Cruz.)

La novela picaresca, crónica de la sociedad de los «Siglos de Oro»

Junto a la prosa culta y didáctica de los humanistas madura durante el Renacimiento la prosa literaria, puramente imaginativa, continuadora de modelos medievales. Ésta culmina con la gran novela *El Quijote* y trata de temas sentimentales, moriscos, pastoriles, de caballeros andantes y picarescos.

Las novelas de caballería refieren las aventuras de un esforzado héroe que sufre toda clase de pruebas y peligros por su amor platónico hacia una dama. Tenían notables precedentes en el *Tirant lo Blanch* y en el *Amadís de Gaula.*

Un género muy español y que tendrá muchos cultivadores durante el Barroco es el picaresco. Comenzó con la excelente novela *Vida del Lazarillo de Tormes,* de autor anónimo, que narra la vida de un marginado social: de un pobre niño que tiene que valerse de sus propios recursos para sobrevivir.

Las novelas picarescas emplean un lenguaje claro, preciso y popular. Reflejan con sagacidad e ironía las miserias de una sociedad castigada por las crisis económicas y atormentadas por los prejuicios sociales. Pintan, sobre todo, el numeroso sector de los hidalgos, preocupados obsesivamente por mantener las apariencias y sus prerrogativas de clase:

—Tú, mozo, ¿has comido?
—No, señor —dije yo—, que aún no eran dadas las ocho cuando con vuestra merced encontré.
—Pues, aunque de mañana, yo había almorzado, y cuando así como algo, hágote saber que hasta la noche me estoy así. Por eso, pásate como pudieres, que después cenaremos.
Vuestra merced crea, cuando esto lo oí, que estuve en poco de caer de mi estado, no tanto de hambre como por conocer de todo en todo la fortuna serme adversa. Allí se me representaron de nuevo mis fatigas y torné a llorar mis trabajos. Allí se me vino a la memoria la consideración que hacía cuando me pensaba ir del clérigo, diciendo que, aunque aquél era desventurado y mísero, por ventura toparía con otro peor. Finalmente, allí lloré mi trabajosa vida pasada y mi cercana muerte venidera.

(De la *Vida del Lazarillo de Tormes.*)

Retrato de Miguel de
Cervantes Saavedra, por Juan
de Jáuregui. Real Academia
Española, Madrid.

Miguel de Cervantes, personalidad universal de las letras españolas

Miguel de Cervantes (1547-1616) fue un gran poeta de tradición medieval y depurada técnica. Fue también un dramaturgo de corte clasicista. La novela es, sin embargo, el género en que se manifiesta mejor su capacidad imaginativa. Las escribió pastoriles y bizantinas, como *La Galatea* y *Persiles y Segismunda,* respectivamente. *Sus Novelas Ejemplares* son también muy singulares y logradas. Su obra cumbre es, sin duda, *El ingenioso hidalgo Don Quijote de la Mancha,* una de las realizaciones supremas de la cultura española y una de las novelas más importantes de la literatura universal de todos los tiempos.

El Quijote narra la curiosa locura de un hidalgo manchego que se identifica con los héroes de las novelas de caballería y se desliga de su circunstancia histórica. Sus razonamientos y conducta, aunque esperpénticos y tragicómicos, reflejan un alto sentido moral y una profunda filosofía de la vida.

La lengua cervantina es la mejor expresión del español clásico, culto y popular al mismo tiempo, simbolista y sugerente de las circunstancias de España y de la sociedad española de los «Siglos de Oro»:

> —¿Qué es caballero aventurero? —replicó la moza.
> —¿Tan nueva sois en el mundo que no lo sabéis vos? —respondió Sancho Panza—: pues sabed, hermana mía, que caballero aventurero es una cosa que en dos palabras se ve apaleado y emperador: hoy está la más desdichada criatura del mundo y la más menesterosa, y mañana tendrá dos o tres coronas de reinos que dar a su escudero.
> —¿Pues, cómo vos, siéndolo deste tan buen señor —dijo la ventera—, no tenéis, a lo que parece, siquiera algún condado?
> —Aún es temprano —respondió Sancho—, porque no ha sido un mes que andamos buscando las aventuras, y hasta ahora no hemos topado con ninguna que lo sea, y tal vez hay que se busca una cosa y se halla otra: verdad es que, si mi señor don Quijote sana desta herida o caída y yo no quedo contrahecho della, no trocaría mis esperanzas con el mejor título de España.
>
> (Del capítulo XVI de la I Parte de
> *El ingenioso hidalgo Don Quijote de la Mancha,*
> de Miguel de Cervantes.)

Un grupo de neoescolásticos formula el principio de la «soberanía nacional» y el padre Vitoria crea el «Derecho de gentes»

La preocupación por la justificación de la conquista de América produjo, en la España del siglo XVI, un pensamiento político-teológico avanzado, obra de neoescolásticos como Francisco de Vitoria y Francisco Suárez. Ellos formularon el principio de la igualdad de todos los súbditos ante la ley, sentaron las bases del Derecho de gentes, futuro Derecho internacional (Francisco de Vitoria es su fundador), y expresaron por vez primera en Europa los conceptos de soberanía nacional y de la ilegalidad de todas las guerras.

Aquellos teólogos proporcionaron a la monarquía española los intrumentos jurídicos adecuados para la organización del Imperio. En una Europa en la que prevalecían las doctrinas de Maquiavelo, para quien los intereses del Estado justificaban la transgresión de las normas éticas, y las de Bodino, que definía al soberano como aquel que no reconoce ni tiene ningún poder sobre él, consideraron que los príncipes están sometidos también al cumplimiento de la ley, rechazando así cualquier forma de poder ilimitado. El padre Mariana llegaría a admitir el derecho de los súbditos a matar al tirano:

> ...tanto los filósofos como los teólogos están de acuerdo
> en que si un príncipe se apoderó de la República a fuerza de

Detalle de la fachada plateresca de la Universidad de Salamanca. El interés de esta portentosa decoración arquitectónica no reside sólo en la belleza de sus grutescos, sino en el medallón con los retratos de los Reyes Católicos que proclama, en griego, la alianza de la Corona y la Universidad.

armas, sin razón, sin derecho alguno, sin el consentimiento del pueblo, puede ser despojado por cualquiera de la corona, del gobierno, de la vida; que siendo un enemigo público y provocando todo género de maldades a la patria y haciéndose verdaderamente acreedor por su carácter al nombre de tirano, no sólo puede ser destronado, sino que puede serlo con la misma violencia con que él arrebató un poder que no pertenece sino a la sociedad a la que oprime y esclaviza.

(*Del Rey y de la institución real,*
del padre Mariana.)

El triunfo del clasicismo en las artes

Goticismo y clasicismo se combinan en las artes durante la transición del Medievo al Renacimiento. Durante el reinado de los Reyes Católicos originan un estilo arquitectónico autóctono, el «plateresco» o primer Renacimiento español, caracterizado por su rica decoración en relieve plano. Algunas obras destacadas de este estilo son la portada de la catedral y la fachada de la Universidad de Salamanca —la «capital del plateresco»—, así como San Marcos de León y numerosos palacios del barrio histórico de Cáceres, uno de los conjuntos urbanísticos más bellos de España.

La racional distribución del espacio y la sobriedad decorativa, aplicados en el Alcázar de Toledo y en la Universidad de Alcalá de Henares (Madrid), marcaron el comienzo del triunfo del clasicismo, que se extendió inmediatamente por Andalucía. El palacio de Carlos V, en la Alhambra de Granada, imita los modelos florentinos. Diego de Siloé levanta la catedral de esta ciudad según los nuevos cánones y hace descansar las bóvedas sobre entablamientos que se apoyan en gruesos pilares, formados por columnas corintias. Continuará esta técnica el original Andrés de Vandelvira, arquitecto de la catedral de Jaén, una de las más bellas de la región, y de la iglesia de El Salvador, en Úbeda.

Ejemplo supremo de la sobriedad decorativa clasicista es El Escorial, construido entre 1563 y 1584, que fue concebido como palacio, monasterio, panteón real, biblioteca, iglesia y centro de enseñanza. Su grandiosidad y la perfección de sus formas y volúmenes; el haber servido de residencia a la polémica figura política de su fundador, Felipe II, el monarca del mayor Imperio de la Tierra, y el ser considerado por algunos como símbolo de ciertas categorías hispánicas, hacen de él uno de los monumentos españoles más singulares y emotivos.

Los escultores españoles crearon, durante los «Siglos de Oro», una magnífica imaginería en madera policromada que pronto acusó la influencia de los modelos grecorromanos y, en el segundo tercio del siglo XVI, se inspiró en el monumentalismo de Miguel Ángel. Diego de Siloé fue el decorador de la Escalera Dorada de la catedral de Burgos. Alonso de Berruguete, renacentista al mismo tiempo que barroco, hace prevalecer la tensión y el movimiento sobre la serenidad clásica (sillería del coro de la catedral de Toledo; retablos en el Museo Nacional de Escultura,

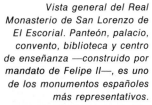

Vista general del Real Monasterio de San Lorenzo de El Escorial. Panteón, palacio, convento, biblioteca y centro de enseñanza —construido por mandato de Felipe II—, es uno de los monumentos españoles más representativos.

El entierro del señor de Orgaz, por El Greco, iglesia de Santo Tomé, Toledo. El cuadro, que mide 4,80 × 3,60 m, fue pintado entre los años 1586-1588. El artista anticipa el arte barroco con ese rompimiento de gloria que ocupa toda la parte superior.

Valladolid). Juan de Juni fue un escultor de figuras corpulentas y composiciones equilibradas (Museo Nacional de Escultura, Valladolid).

El goticismo se mantuvo más tiempo en la pintura; pero, a finales del siglo XV, algunos artistas manifestaban ya inclinación por las nuevas técnicas renacentistas. Bartolomé Bermejo emplea el óleo y el pan de oro (*Santo Domingo de Silos entronizado como abad*, Museo del Prado). Pedro Berruguete se siente atraído por la luz y por el naturalismo (*Auto de fe presidido por Santo Domingo de Guzmán*, Museo del Prado). El clasicismo pictórico triunfa en Juan de Juanes, artista de suaves tonalidades (*Santa Cena*, Museo del Prado). Luis de Morales, el Divino, insiste en la espiritualización de las figuras y conserva un cierto goticismo (*Piedad*, Academia de Bellas Artes, Madrid).

La pintura de El Greco (1541-1614) resulta difícil de clasificar. Su estilo es tan personal y exclusivo que ni siquiera tuvo seguidores. El nombre de El Greco y el de la ciudad de Toledo están unidos para siempre puesto que su espíritu ascético e imaginativo encontró allí el ambiente apropiado. Pintor de formación inicial veneciana, sus colores delatan siempre este origen, pero su vida en España cambiaría su trayectoria artística. Sus cuadros se singularizan por su luz inmaterial; por sus figuras místicas y musculosas al mismo tiempo; por el movimiento ondulante con que se elevan y se espiritualizan, mediante espacios organizados en planos ascendentes. Para tener una idea de su enorme obra creadora deben verse *El Expolio* (sacristía de la catedral), la *Asunción de la Virgen* (Hospital de Santa Cruz) y *El entierro del conde de Orgaz* (iglesia de Santo Tomé), en Toledo; *El martirio de San Mauricio*, en El Escorial; y el conjunto de obras que conserva el Museo del Prado.

Auge de la polifonía religiosa

Juan del Encina, autor de canciones y villancicos, creó una escuela de música profana que mantuvo las formas tradicionales durante el Renacimiento. En esta época se difundió el uso de la guitarra, que tomó el nombre de española.

El hecho más relevante del panorama de la música religiosa durante el Renacimiento español fue el alto nivel que alcanzó la polifonía. Su artífice fue Tomás L. de Victoria, el compositor más famoso de los tiempos modernos.

El Descubrimiento de América

El 3 de agosto de 1492 partieron del puerto de Palos (Huelva) tres carabelas españolas al mando de Cristóbal Colón. El 12 de octubre del mismo año desembarcaban en la isla de Guanahaní, próxima al continente americano, hecho que Colón ignoró siempre, pues creía haber llegado a las costas de Asia.

Al otro día siguiente, que fue 11 de octubre del año 1492,
dijo Rodrigo de Triana: «Tierra, tierra», a cuya tan dulce

palabra acudieron todos a ver si decía verdad; y como la vieron, comenzaron el *Te Deum laudamus,* hincados de rodillas y llorando de placer... La tierra que primero vieron fue Guanahaní, una de las islas Lucayos, que caen entre La Florida y Cuba, en la cual se tomó luego tierra, y la posesión de las Indias y Nuevo Mundo, que Cristóbal Colón descubría por los reyes de Castilla.

(De la *Historia General de las Indias,*
de López de Gómara.)

La empresa del Descubrimiento fue obra exclusiva del Estado español y de los españoles, que aportaron el entusiasmo y la cobertura económica y legal necesarios. Ninguna influencia tuvo en ella el origen de Colón, que además se desconoce.

Varios motivos impulsaron a los españoles a acometer aquella aventura: la necesidad de conectar por Occidente con los mercados orientales, pues la vía tradicional había sido bloqueada por los turcos; el espíritu científico y el afán de conocer renacentistas; los ideales religiosos; la urgencia de canalizar el ímpetu bélico y de cruzada, inactivo desde la caída del reino de Granada. Gran parte del Nuevo Mundo pasó en muy pocos años a formar parte de la Corona de España y poco después comenzaba la conquista de los mares del Sur.

Las «Leyes de Indias» y los sistemas de control de la acción gubernativa

Los españoles buscaron insistentemente argumentos que justificaran la conquista y colonización de América. No faltó quien se preguntara sobre la legalidad de las mismas, como el padre Las Casas, el más ferviente defensor de los indios, para quien sólo la evangelización legitimaba la presencia de los españoles en el Nuevo Mundo. Esta tesis era compartida por los legisladores, que prohibieron la esclavitud de los indígenas y les aplicaron el Derecho metropolitano (Leyes de Indias). Estos hechos han impulsado a algunos historiadores a afirmar que América no constituyó una colonia en sentido jurídico.

Cristo quiso que su Evangelio se predicase blanda y suavemente y con toda mansedumbre y que los paganos fueran atraídos a la verdad, no con la intervención de tropas armadas, sino con santos ejemplos, con costumbres cristianas y con la palabra de Dios...

(De la *Apología* del padre Las Casas
contra Fray Ginés de Sepúlveda.)

La Casa de Contratación de Sevilla, que actuaba también como tribunal mercantil y como institución científica, según hemos visto, así como el Consejo de Indias, eran los organismos metropolitanos encargados del gobierno de las Indias, cuyo territorio se dividió en los virreinatos de Nueva España (México) y del Perú.

Diversos sistemas de control se establecieron para garantizar el recto funcionamiento de las instituciones locales: «Juicios de Resi-

Este curioso grabado representa el momento en que dos misioneros vadean un río sobre los hombros de los indios. La decisión de conquistadores y misioneros no se detuvo ante ningún obstáculo.

dencia», a los que tenían que someterse todos los funcionarios, incluido el virrey, cuando cesaban en sus cargos; «Capítulos de Agravio», que permitían a cualquier ciudadano apelar contra los actos de gobierno lesivos de sus derechos; «Régimen de Visitas», por el que cualquier autoridad podía ser inspeccionada sin previo aviso.

Sociedad y cultura indianas

Los españoles se mezclaron con los aborígenes, de manera que el mestizaje fue, en poco tiempo, el rasgo dominante de la sociedad colonial. Hacia finales del siglo XVI sólo una pequeña minoría de la población era blanca y existían entre sus miembros diferencias sociales menos marcadas que en la metrópoli, puesto que en América no se afianzó el régimen señorial. El mestizaje, que aumentó con el paso del tiempo y como consecuencia del cruce con los negros procedentes de África, se produjo en todos los estratos de la población. Un ejemplo destacado puede ser el matrimonio de don Martín García Oñez de Loyola, sobrino de San Ignacio, con la princesa incaica Beatriz Clara Coya, hija del penúltimo inca Sayri Tupac. Otro ejemplo glorioso del mestizaje racial y cultural es la figura del Inca Garcilaso de la Vega, uno de los grandes escritores del siglo XVI y primeros años del siglo XVII. La difusión de la cultura española en América fue facilitada por la implantación de la imprenta y se realizó fundamentalmente a través de las Universidades y de la acción de la Iglesia, que se

El catecismo de Fray Pedro de Gante, que hoy conserva la Biblioteca Nacional, es uno de los ejemplos más emotivos de la imaginación empleada por los misioneros para el logro de su tarea evangelizadora.

encargó de la educación de los indígenas y veló por la conservación de sus lenguas y de su patrimonio cultural.

Entre las actividades económicas destacaban la minería y el comercio con la metrópoli, del que no participaron todos los pueblos de la Corona, ya que fue monopolio de Castilla hasta 1778.

La más antigua arquitectura española en América manifiesta la transición del Gótico al Renacimiento. En ese estilo se comenzaron la mayor parte de las catedrales del continente; pero será el Barroco el que logre mayor aceptación.

La conquista produjo una espléndida floración literaria. Sus mejores frutos fueron las crónicas, de ágil y conciso lenguaje: *Diario* de Colón, *Historia General y Natural de las Indias,* de Gonzalo Fernández de Oviedo; las obras del padre Las Casas; *Cartas de Relación de la conquista de Méjico,* de Hernán Cortés; *Historia General de las Indias,* de López de Gómara; *Historia verdadera de la conquista de Nueva España,* de Bernal Díaz del Castillo; *Crónica del Perú,* de Pedro Cieza de León, etcétera.

> La ciudad de San Francisco del Quito está a la puerta del Norte en el interior de la provincia del reino del Perú. Corre el término de esta provincia de longitud (que es de Este a Oeste) casi setenta leguas y de latitud veinte y cinco o treinta. Está asentada en unos antiguos aposentos que los ingas habían en el tiempo de su señorío mandado hacer en aquella parte y habíalos ilustrado y acrecentado Guaynacapa y el gran Topainga, su padre. A estos aposentos tan reales y principales llamaban los naturales Quito...
>
> (De *Crónica del Perú,* de Pedro Cieza de León.)

CRONOLOGÍA DE ALGUNOS HECHOS IMPORTANTES DURANTE EL RENACIMIENTO

— 1492: Año especialmente importante en la historia de España. Descubrimiento de América. Reconquista de Granada. Expulsión de los judíos. Nebrija publica su *Gramática Castellana*.

— 1494: España y Portugal se dividen el mundo en zonas de influencia por el Tratado de Tordesillas.

— 1496: Incorporación de las islas Canarias a la Corona de Castilla.

— 1498: Francisco Jiménez de Cisneros, confesor de Isabel la Católica y arzobispo de Toledo, funda la Universidad de Alcalá de Henares.

— 1499: Francisco de Rojas: *La Celestina*.

— 1504: Muere Isabel la Católica.

— 1510: Se funda la Casa de Contratación, de Sevilla.

— 1511: Publicación en Barcelona de la *Concordia Apothecariorum,* primera farmacopea española.

— 1500 y 1512: Promulgación de leyes prohibiendo la esclavitud de indios.

— 1512: Fernando el Católico, rey de Navarra.

— 1513: Núñez de Balboa descubre el Océano Pacífico.

— 1514-1517: Se imprime en Alcalá de Henares la *Biblia Políglota Complutense*.

— 1516: Muere Fernando el Católico. Habiendo fallecido en 1506 Felipe I el Hermoso, e incapacitada la reina doña Juana por enfermedad mental, es nombrado heredero Carlos de Gante. Rey de España desde esa fecha y Emperador de Alemania desde 1519, heredó las Coronas de Aragón, Cataluña, Baleares, Cerdeña, Nápoles, Sicilia, Castilla, León, Navarra, Granada, los territorios americanos, Flandes, el Artois, Luxemburgo, el Franco Condado, los Países Bajos y algunas plazas africanas.

— 1519-1522: Los españoles dan la vuelta a la Tierra por primera vez.

— 1521: Hernán Cortés incorpora México a la Corona de España.

— 1524: Se crea el Consejo de Indias.

— 1528: Francisco de Vitoria dicta su «relectio» *De potestate civile*.

— 1530-1540: Gran parte del territorio sudamericano queda incorporado a la Corona española.

— 1536: Introducción de la imprenta en México.

— 1537: Fundación de la Compañía de Jesús.

— 1538: Fundación de la Universidad de Santo Domingo, la primera de América.

— 1539: Francisco de Vitoria dicta su «relectio» *De Indis sive de Iure Belli*.

— 1542: Villalobos descubre las islas Filipinas. Se reitera la prohibición de la esclavitud de indios en América.

— 1551: Fundación de las Universidades de México y de Lima.

— 1552: Bartolomé de Las Casas: *Brevísima relación de la destrucción de las Indias*.

— 1554: Se publica la *Vida del Lazarillo de Tormes*.

— 1566: Abdicación de Carlos I. Felipe II, rey de España. Movimientos secesionistas en los Países Bajos.

— 1568: Sublevación de los moriscos.

— 1568-1572: Bajo el patrocinio de Felipe II y la dirección del humanista español Benito Arias Montano, se publica en los talleres de Cristóbal Plantino la *Biblia Políglota de Amberes*.

— 1571: Victoria de Lepanto sobre los turcos. Nueva sublevación morisca.

— 1575: Juan Huarte de San Juan: *Examen de ingenios para las ciencias*.

— 1577: Santa Teresa: *Las Moradas*.

— 1580: Felipe II hereda la Corona de Portugal.

— 1584: Se coloca la última piedra del monasterio de San Lorenzo de El Escorial.

— 1588: Desastre de la Armada Invencible frente a Inglaterra. El Greco: *El entierro del Conde de Orgaz*.

— 1597: Francisco Suárez: *Disputationes Metaphysicae*.

— 1598: Muere Felipe II. Felipe III, rey de España y Portugal.

— 1599: La Corona se ve obligada a acuñar cobre. Alza de los precios.

— 1605: Cervantes publica la primera parte de *El Quijote*.

— 1609: Tregua de los Doce Años con las Provincias Unidas. Decreto de expulsión de los moriscos.

— 1612: Francisco Suárez: *De legibus*.

— 1616: El 23 de abril mueren Miguel de Cervantes y el Inca Garcilaso.

BIBLIOGRAFÍA

— A. Domínguez Ortiz, *El Antiguo Régimen: los Reyes Católicos y los Austrias,* Madrid, Alianza Editorial-Alfaguara, 1973.

— M. Fernández Álvarez, *La sociedad española del Renacimiento,* Madrid, Cátedra, 1974.

— M. Bataillon, *Erasmo y España,* México, Fondo de Cultura Económica, 1974.

— F. Braudel, *El Mediterráneo y el mundo mediterráneo en la época de Felipe II,* México, Fondo de Cultura Económica, 1953.

— A. Domínguez Ortiz; B. Vincent, *Historia de los moriscos,* Madrid, Revista de Occidente, 1979.

— H. Kamen, *La Inquisición española,* Barcelona, Crítica, 1979.

— J. H. Elliot, *La España Imperial,* Barcelona, Vicens Vives, 1965.

— J. A. Maravall, *Las comunidades de Castilla,* Madrid, Revista de Occidente, 1979.

— F. Morales Padrón, *Historia del Descubrimiento y conquista de América,* Madrid, Editora Nacional, 1971.

5. Crisis y reformismo. El Barroco y la Ilustración

El Barroco.—Las crisis de la sociedad y del Estado.—Crítica y pensamiento.—«España como problema».—El pensamiento político. Los «tácitos».—El racionalismo filosófico.—La religiosidad intimista de Miguel de Molinos.—Culteranismo y conceptismo, dos aspectos de la misma corriente literaria.—La lírica tradicional.—La novela picaresca.—El teatro al servicio de los valores tradicionales.—El triunfo definitivo del Barroco en el teatro de Calderón.—El Barroco, un arte efectista.—El triunfo del naturalismo: Diego Velázquez.—Los últimos pintores barrocos.—Los orígenes de la «zarzuela».—El siglo XVIII.—La transformación del Estado: el «Decreto de Nueva Planta».—El «Despotismo Ilustrado»: las reformas.—La tradición racionalista culmina en la Ilustración.—Las ciencias.—El ensayo y la divulgación prevalecen sobre la literatura de imaginación.—El neoclasicismo literario.—El arte barroco es sustituido lentamente por el neoclásico.—La individualidad artística de Goya.—La música culta se inspira en la tradición popular.—Hispanoamérica.—Cronología de algunos hechos importantes durante el Barroco y la Ilustración.—Bibliografía.

Durante el siglo XVII, la centuria barroca, Europa sufrió una profunda crisis en la que se enmarcó la llamada «decadencia española». El Estado español perdió la hegemonía militar frente a las potencias continentales, se declaró en bancarrota varias veces y tuvo que hacer frente a movimientos secesionistas en su propio territorio. La cultura continuó en auge, sin embargo, y alcanzó las cimas más altas de creatividad y originalidad durante esta segunda fase de los «Siglos de Oro».

El Barroco

El Barroco, que prolongó y exageró los valores renacentistas, arraigó profundamente en España y se manifestó en todos los órdenes de la vida:

El autoritarismo político continuó y la monarquía asumió la defensa de la ortodoxia católica.

El arte barroco sustituyó la serenidad clásica por el movimiento y gustó de la riqueza y de la profusión decorativas. Los pintores buscaron los contrastes de luces y de sombras (tenebrismo) y los literatos aprovecharon todos los recursos expresivos de la lengua (culteranismo y conceptismo).

Los hombres españoles del Barroco tuvieron un profundo sentido del honor y se preocuparon obsesivamente por su «status» personal y por adquirir relevancia social.

La crisis de la sociedad y del Estado

A la ruina y a las deficiencias estructurales de la economía heredadas de la centuria anterior (aduanas interiores, monopolio castellano en el comercio con América, etc.) se añadieron durante el Barroco otros factores negativos (apoyo excesivo a la Mesta, aumento de los latifundios, expulsión de los moriscos), de manera que las crisis económicas continuaron e incluso se agudizaron.

La demografía acusó en su tendencia regresiva la influencia de la crisis: el país perdió 800.000 habitantes a principios de siglo, y la recuperación no empezaría hasta finales del mismo.

Los nobles y el alto clero mantienen sus privilegios; los hidalgos ocultan su pobreza, defienden sus inmunidades fiscales (estaban exentos del pago de impuestos) y buscan sobre todo la relevancia social («iglesia o casa real o mar»); los burgueses aspiran también a la hidalguía y numerosos mendigos y marginados sobreviven a costa de la caridad pública y de la «sopa boba», alimento gratuito distribuido por iglesias y conventos. El número de religiosos aumenta alarmantemente, pues muchos desheredados encuentran en el seno de la Iglesia la seguridad que se les negaba fuera.

El conde-duque de Olivares, valido de Felipe IV (valido es el hombre de confianza a quien los reyes del siglo XVII entregaban las riendas del poder), quiso obligar a todos los territorios de la Corona a compartir las cargas del Estado e intentó aplicar la centralización administrativa. Esto provocó movimientos secesionistas en Cataluña, Andalucía, Portugal, Nápoles y Sicilia. Carlos II, el último rey de la Casa de Austria, tuvo que reconocer de nuevo la tradicional estructura pluralista de las «Españas».

En el orden internacional, la monarquía española se enfrentó a la Europa protestante y de los Estados nacionales en defensa de los viejos valores simbolizados por el papado, el Imperio y la ortodoxia. Perdió en ese empeño gran parte de sus dominios en Europa y la supremacía militar.

Crítica y pensamiento

A pesar del riguroso control inquisitorial, los pensadores españoles del siglo XVII —estimulados por la solución de los problemas del país y por la necesidad de dominar la geografía americana— contribuyeron eficazmente a mantener la tradición racionalista que conectaría el Renacimiento con la Ilustración. Humboldt afirmaría que los fundamentos de la Física se hallaban en las obras de algunos cronistas españoles.

«España como problema»

La preocupación por la decadencia, por los «males de la patria», impulsó a numerosos teóricos, los «arbitristas», a proponer las más diversas soluciones y originó el tema «España como problema», que polarizaría, a partir de entonces, el interés de muchos intelectuales. Serían pioneros Francisco de Quevedo, crítico de la sociedad barroca desde posiciones racionalistas enraizadas en el erasmismo, y el mercantilista Sancho de Moncada, defensor de una tesis según la cual los problemas económicos sólo pueden solucionarse a través del proteccionismo estatal.

> Han empezado a contentarse los hombres de España con heredar de sus padres virtud, sin procurar tenerla para que la hereden sus hijos. Alcanzan a todas partes las fuerzas del

dinero, o, por lo menos, se atreven, bien que el oro nació con
tal imperio en la codicia de los hombres: pobres, conquista-
mos riquezas ajenas; ricos, las mismas riquezas nos conquis-
tan...

(De *España defendida y los tiempos de ahora*,
de Francisco de Quevedo.)

El pensamiento político. Los «tácitos»

Los escritos políticos fueron muy frecuentes durante el Barroco. Los autores de la primera mitad del siglo se inclinaron hacia la
defensa de los valores tradicionales, a los que hemos aludido. En
la segunda mitad prevalecería el pensamiento ponderado de Saavedra Fajardo, quien quiso combinar la famosa «Razón de Estado», de Maquiavelo (todo debe someterse a la consecución y
consolidación del Estado, incluso la moral), con su teoría de que
el príncipe debe vivir y gobernar según los principios de la ética
cristiana unidos al sentido práctico y a la habilidad política. Su
pensamiento guardaba relación con el de los «tácitos», grupo de
intelectuales españoles que, durante el Barroco, quisieron armoni-
zar la moral cristiana con la idea del Estado moderno y conseguir
una sociedad más libre e igualitaria, apoyándose en las formulaciones de Cornelio Tácito y en el racionalismo erasmista.

La sciencia civil prescribe términos a la virtud del que
manda y del que obedece. En el ministro no tiene la justicia
arbitrio; siempre se ha de ajustar con la ley. En el príncipe,
que es el alma della, tiene particulares consideraciones que
miran al gobierno universal. En el súbdito nunca puede ser
exceso la conmiseración; en el príncipe puede ser dañosa.

(De *Idea de un príncipe político-cristiano*,
de Diego Saavedra Fajardo.)

El racionalismo filosófico

Arbitristas y pensadores políticos tuvieron como denominador
común la racionalidad de sus posturas, continuadoras de la tradición erasmista. En el campo de la filosofía habría de manifestarse
en el ya referido Francisco de Quevedo y en Baltasar Gracián,
retórico y conceptista que concebía la vida como una lucha continua del hombre por el control de su propia conducta y de su
destino.

La religiosidad intimista de Miguel de Molinos

Miguel de Molinos fue una personalidad religiosa interesante
del siglo barroco y un autor condenado por la Inquisición. En su
libro *Guía espiritual* propone como medios para lograr la perfección y la unión con Dios la quietud («quietismo») y la contemplación, con preferencia a la meditación y al discurso. Culmina así la
tradición intimista y contemplativa de los alumbrados y de los
místicos españoles.

Retrato de Don Luis de Góngora, copia de Velázquez. Museo Lázaro Galdiano, Madrid. Velázquez retrató al gran poeta cordobés durante su primer viaje a la Corte, en 1622. El original se encuentra en el Museo de Boston.

Dos modos hay de ir a Dios: uno por consideración y discurso, y otro por pureza de fe, noticia indistinta, general y confusa. El primero se llama meditación; el segundo, recogimiento interior o adquirido o contemplación. El primero es de principiantes; el segundo, de aprovechados. El primero es sensible y material; el segundo es más desnudo, puro e interior.

(Del Proemio de la *Guía espiritual,* de Miguel de Molinos.)

Culteranismo y conceptismo, dos aspectos de la misma corriente literaria

Los autores barrocos dieron gran categoría al género dramático, enriquecieron y complicaron la lengua y practicaron el «culteranismo» y el «conceptismo». Ambos fueron aspectos de una misma corriente literaria que intentaba aprovechar al máximo los matices de las palabras. Los culteranos prefirieron la poesía como medio de expresión y se sirvieron de cultismos, neologismos, del hipérbaton y, en general, de un lenguaje metafórico y oscuro. Los conceptistas optaron por la prosa de sobrio y preciso léxico, aunque también gustaron de las metáforas y de los recursos retóricos.

El representante supremo de la poesía culterana fue Luis de Góngora (1561-1637) en sus obras *Fábula de Polifemo y Galatea* y las *Soledades*. Gran poeta de corte tradicional y culto, Góngora compuso también magníficos sonetos, romances y letrillas de emotiva naturalidad.

> Era del año la estación florida
> en que el mentido robador de Europa
> —media luna las armas de su frente,
> y el sol todos los rayos de su pelo—,
> luciente honor del cielo,
> en campos de zafiro pace estrellas.

> (De las *Soledades,* de Luis de Góngora.)

> Era aquella florida estación del año en que el Sol entra en el signo de Tauro (signo del Zodíaco que recuerda la engañosa transformación de Júpiter en toro para raptar a Europa). Entra el Sol en Tauro por el mes de abril y entonces el toro celeste (armada su frente por la media luna de los cuernos, luciente e iluminado por la luz del Sol, traspasado de tal manera por el Sol que se confunden los rayos del astro y el pelo del animal) parece que pace estrellas (que de tal manera las hace palidecer ante su brillo) en los campos azul zafiro del cielo.

> (Interpretación en prosa de Dámaso Alonso.)

El conceptismo tuvo su más cualificado cultivador en Francisco de Quevedo (1580-1645), uno de los escritores más polifacéticos y profundos de la literatura española de todos los tiempos. Escribió obras ascéticas, filosófico-morales, políticas, y una gran novela picaresca: *Historia de la vida del Buscón llamado Don Pablos.* Su poesía, sincera y vehemente, abarca gran variedad de temas.

Quevedo juega con las palabras y con las metáforas, humaniza los conceptos y crea un estilo personal en el que, con frecuencia, el fondo trasciende a la forma.

> Érase un hombre a una nariz pegado,
> érase una nariz superlativa,
> érase una nariz sayón y escriba,
> érase un peje espada muy barbado,
> era un reloj de sol mal encarado,
> érase una alquitara pensativa,
> érase un elefante boca arriba,
> era Ovidio Nasón más narizado,
> érase un espolón de una galera,
> érase una pirámide de Egipto,
> las doce tribus de narices era,
> érase un naricísimo infinito,
> muchísimo nariz, nariz tan fiera,
> que en la cara de Anás fuera delito.

> (De *A una nariz,* de Francisco de Quevedo.)

Portada de la primera edición de la Vida del escudero Marcos de Obregón, *por Vicente Espinel (Barcelona, 1618). La obra de Espinel participa de las características de la novela picaresca, pero se aparta de ellas por su sentido poético, que se manifiesta, sobre todo, en las bellas descripciones de paisajes.*

La lírica tradicional

Junto a la lírica culterana hubo otra de tipo clasicista, fiel a los modelos tradicionales y ajena a las innovaciones del siglo. Se practicó fundamentalmente en dos centros: el andaluz y el aragonés.

En Andalucía se distinguió Rodrigo Caro, autor de la famosa *Canción a las ruinas de Itálica,* que comienza así:

> Éstos, Fabio, ¡ay dolor!, que ves ahora
> campos de soledad, mustio collado,
> fueron un tiempo Itálica famosa;
> aquí de Cipión la vencedora
> colonia fue; por tierra derribado
> yace el temido honor de la espantosa
> muralla, y lastimosa
> reliquia es solamente
> de su invencible gente.

Los hermanos Argensola, quizá los poetas más famosos de la escuela aragonesa, gustaron de la sátira y de los temas históricos y moralizantes.

La novela picaresca

Ya hemos visto el nacimiento de la novela picaresca, a mediados del siglo XVI, con la publicación de *El Lazarillo de Tormes*. El género es, sin embargo, eminentemente barroco. Se complace en tratar en tonos pesimistas el submundo de los marginados y en criticar hasta la exageración los amaneramientos de la sufrida sociedad española.

Mateo Alemán elige como protagonista de su obra *Guzmán de Alfarache* a un adulto que sobrevive con el engaño y la mentira. Posteriores son *La vida del escudero Marcos de Obregón*, de Vicente Espinel, y numerosas novelas en las que el personaje central es una mujer y los temas amorosos son parte importante de la intriga.

> Vuelvo, pues, y digo que todo yo era mentira, como siempre. Quise ser para con algunos mártir y con otros confesor. Que no todo se puede ni debe comunicar con todos. Así nunca quise hacer plaza de mis trabajos ni publicarlos con puntualidad. A unos decía uno y a otros otro, y a ninguno sin su comento.
>
> Y como al mentiroso le sea tan importante la memoria, hoy lo contaba de una manera y mañana de otra diferente, todo trocado de como antes lo había dicho...
>
> (De *Guzmán de Alfarache*, de Mateo Alemán.)

El teatro al servicio de los valores tradicionales

El poder apoyó al teatro y se sirvió de él para la propaganda de su ideología. El género se popularizó y triunfó plenamente con la comedia. En ella, lo festivo prevalece sobre lo trascendental, se respeta el orden de valores establecido y se divierte al público con temas amorosos y de capa y espada inspirados, frecuentemente, en la vieja tradición de los romances.

El creador del nuevo teatro, de la comedia, fue Lope de Vega (1562-1635), continuador de la línea popular que había iniciado Lope de Rueda y autor de alrededor de 1.800 comedias, entre ellas *El Caballero de Olmedo, Peribáñez o el comendador de Ocaña* y *Fuenteovejuna*. Lope redujo a tres el número de actos, mantuvo la unidad de acción aunque rechazó las de tiempo y lugar, mezcló personajes cómicos y trágicos, empleó exclusivamente el verso y trató con preferencia temas amorosos y referentes al honor.

Que de noche le mataron
al caballero,
la gala de Medina,
la flor de Olmedo.

D. ALONSO: ¡Cielos! ¿Qué estoy escuchando?
Si es que avisos vuestros son
ya que estoy en la ocasión,
¿de qué me estáis informando?
Volver atrás, ¿cómo puedo?
Invención de Fabia es,
que quiere, a ruego de Inés,
hacer que no vaya a Olmedo.

LA VOZ: *(dentro)*: Sombras le avisaron
                 que no saliese,
                 y le aconsejaron
                 que no se fuese
                 el caballero,
                 la gala de Medina,
                 la flor de Olmedo.

(Del acto III de *El caballero de Olmedo*,
de Lope de Vega.)

Lope de Vega es también uno de los más grandes poetas líricos y épicos de la lengua española, autor de romances, villancicos... y de bellísimos sonetos:

¿Qué tengo yo que mi amistad procuras?
¿Qué interés se te sigue, Jesús mío,
que a mi puerta, cubierto de rocío,
pasas las noches de invierno oscuras?

¡Oh, cuánto fueron mis entrañas duras,
pues no te abrí! ¡Qué extraño desvarío
si de mi ingratitud el hielo frío
secó las llagas de tus plantas puras!

¡Cuántas veces el ángel me decía!:
¡Alma, asómate agora a la ventana,
verás con cuánto amor llamar porfía!

¡Y cuántas, hermosura soberana,
mañana le abriremos, respondía,
para lo mismo responder mañana.

Lope creó escuela. Influyó en autores como Guillén de Castro, el mexicano Ruiz de Alarcón y, sobre todo, Tirso de Molina. Este último fue autor de cuidadas comedias costumbristas, históricas y religiosas. Fue también el creador del personaje clásico de Don Juan. Su obra más importante es quizá *El condenado por desconfiado*, donde aborda el tema conflictivo de la predestinación.

El triunfo definitivo del Barroco en el teatro de Calderón

El Barroco triunfa definitivamente en los dramas de Pedro Calderón de la Barca (1600-1681), autor que se apartó de la línea popular seguida por Lope de Vega, hizo del teatro un quehacer intelectual profundo y combinó la exuberancia culterana con la concisión conceptista:

Yo sueño que estoy aquí
de estas prisiones cargado
y soñé que en otro estado
más lisonjero me vi.
¿Qué es la vida? Un frenesí.
¿Qué es la vida? Una ilusión,
una sombra, una ficción,
y el mayor bien es pequeño
que toda la vida es sueño
y los sueños sueños son.

(De *La vida es sueño*,
de Pedro Calderón de la Barca.)

*Retrato anónimo de don Pedro
Calderón de la Barca. Museo
Lázaro Galdiano, Madrid. La
profundidad y la seriedad del
rostro del comediógrafo se
corresponden con la austeridad
de su vida sacerdotal.*

Calderón dio forma a los «autos sacramentales», obras alegóricas que tratan temas relacionados con la Eucaristía. Gustó sobre todo del tema del honor personal, bellamente expresado en estas palabras de su personaje Pedro Crespo:

Al rey, la hacienda y la vida
se han de dar, pero el honor
es patrimonio del alma,
y el alma sólo es de Dios.

(De *El alcalde de Zalamea,*
de Pedro Calderón de la Barca.)

El Barroco, un arte efectista

El clasicismo renacentista alcanza el máximo de su capacidad expresiva en el Barroco, estilo afectado con el que se pretendía

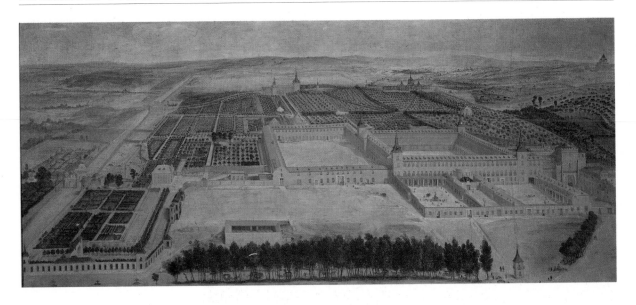

Jusepe Leonardo, El Palacio del Buen Retiro. *Museo Municipal, Madrid.*

San Bruno, *por Montañés (izq.). Museo de Sevilla.* San Francisco *(dcha.), por Mena. Catedral de Toledo.*

impresionar al espectador. Sus características esenciales son la desmesura, el decorativismo y el movimiento.

La introducción en España de la arquitectura barroca se vio retrasada por el impacto que, en todos los órdenes, había supuesto la magna obra de El Escorial. La cárcel de Corte y el palacio del Buen Retiro madrileños guardan todavía, por ejemplo, las proporciones clásicas. Las combinaciones de claroscuros que Alonso

Cano introdujo en la fachada de la catedral de Granada, a mediados del siglo, marcan el comienzo de la moda ornamental que
culminará en el churrigueresco, estilo que preludia el rococó.

El siglo XVII es, por excelencia, la centuria de la imaginería
policromada, que se sirvió de todos los recursos para estimular el
fervor de los fieles. En Valladolid se distinguió Gregorio Fernández, escultor de realistas y expresivos pasos procesionales (Museo
Nacional de Escultura, Valladolid) y de bellos y patéticos Cristos
yacentes (Convento de Capuchinos, El Pardo, Madrid). En Sevilla
trabajó Martínez Montañés, en cuyas obras persiste el recuerdo de
la serenidad clásica, como sucede en el Cristo del Amor (iglesia
del Salvador), el San Bruno (Museo de Bellas Artes) o en la
Inmaculada conocida como la Cieguita (trascoro de la catedral). Su obra, conocida y estudiada por Alonso Cano, se trasplan-
ta en cierto modo a la escuela escultórica granadina. De Cano son,
entre otras, las bellas tallas del Niño Jesús de Pasión (San Fermín
de los Navarros, Madrid) y del San Juanito (catedral de Granada).
Su discípulo Pedro de Mena creó obras tan expresivas como el
San Francisco de la catedral de Toledo o el busto de la Dolorosa
del convento de las Descalzas, de Madrid.

La pintura española logra durante el Barroco una calidad
extraordinaria. Es eminentemente religiosa y naturalista. Muestra
preferencias por el tenebrismo. Estos rasgos están ya presentes en
pintores como Francisco Ribalta (*San Francisco confortado por un
ángel,* Museo del Prado) y José de Ribera, artista avecindado en
Nápoles y excepcional colorista (*Inmaculada,* iglesia de las Agusti-

Diego Velázquez, El aguador de Sevilla. *Colección Wellington, Londres.*

nas, Salamanca) que domina también la técnica del tenebrismo (*Martirio de San Bartolomé,* Museo del Prado).

El naturalismo es la nota distintiva de Francisco de Zurbarán, pintor de la vida monástica. Su tratamiento de los paños, la solemnidad y la simplicidad de sus composiciones, su emotiva y serena espiritualidad, hacen de él uno de los grandes de la pintura española. Para conocer la obra de Zurbarán es imprescindible la visita a los cuadros de frailes que se conservan en el Museo de la Real Academia de Bellas Artes de San Fernando, Madrid, y en el Museo de Bellas Artes de Cádiz, así como el espléndido ciclo pintado para la sacristía del monasterio de Guadalupe, que se conserva *in situ.*

El triunfo del naturalismo: Diego Velázquez

Velázquez (1599-1660) es una de las personalidades fundamentales del arte español de todos los tiempos. Tenebrista en sus primeros cuadros (*El aguador de Sevilla,* por ejemplo), abandona gradualmente esta técnica (*La Fragua de Vulcano, Los borrachos*)

Velázquez, La Rendición de Breda o Las Lanzas. *Museo del Prado, Madrid. Pintado en 1635 para el Salón de Reinos del Buen Retiro. Representa el momento en que Ambrosio Spínola recibe de Justino de Nassau las llaves de Breda.*

Esta Vieja hilando, *de Murillo (izq.), obra juvenil que se guarda en el Museo del Prado, nos presenta un tipo popular del siglo XVII y una de las industrias tradicionales en España: la textil.*
In ictu oculi (en un abrir y cerrar de ojos) llega la muerte y acaba con los sueños de honores y de riquezas. Este es el mensaje de Valdés Leal en el cuadro del Hospital sevillano de la Caridad (dcha.).

hasta lograr la mejor expresión de su singular naturalismo en los retratos, como el de *Inocencio X,* uno de los mejores en su género.

Pero el naturalismo de Velázquez es, en realidad, una simplificación de su complejo y extraordinario concepto de la pintura. Velázquez trasciende la mera representación de la realidad en sus maravillosos estudios psicológicos y en el planteamiento de complicados problemas de óptica, de lo que es buena prueba el uso de espejos en sus composiciones. Es el introductor de la perspectiva aérea, mediante la cual «pinta el aire» y distingue los planos de la realidad representada mediante sutiles gradaciones y reflejos, en vez de atenerse sólo a una fuga de líneas divergentes. En *Los jardines de la Villa de Médicis* su pincelada se hace casi precursora de los impresionistas. En *Las Meninas* consigue integrar al espectador en el cuadro. Velázquez, que es ejemplo de elegancia, como sucede en *La rendición de Breda* (donde pinta la afabilidad con que un general español recibe de manos del holandés vencido las llaves de la ciudad), es capaz de dotar de señorío incluso a las personas de los bufones de palacio, que tantas veces y con tanta ternura representó.

En la escuela madrileña se distinguen además Antonio de Pereda y Claudio Coello.

El lector puede ver lo fundamental de la obra velazqueña en el Museo del Prado.

Los últimos pintores barrocos

Entre los últimos barrocos hay que señalar a tres andaluces: Alonso Cano, sutil colorista que conserva un sentido clásico de la figura humana (catedral de Granada); Murillo, pintor de Vírgenes y de escenas de género (Museo Provincial de Sevilla; Museo del Prado), y Valdés Leal, teatral y efectista, que supo interpretar como ningún otro artista otro tema fundamental del Barroco: la brevedad de la vida (*Postrimerías,* Hospital de la Caridad, Sevilla).

Los orígenes de la «zarzuela»

El teatro lírico tuvo en España una gran difusión durante el Barroco. La primera ópera española se representó en 1629. Era *La selva sin amor,* con texto de Lope de Vega y música de autor desconocido. En aquella época nació también la zarzuela, obra dramática musical característica de la producción teatral española, cuyos primeros textos fueron compuestos por Calderón de la Barca. El término «zarzuela» proviene del lugar donde se representaban habitualmente: el palacete de la Zarzuela, cerca de Madrid, actual residencia de los reyes de España.

El siglo XVIII

A lo largo del siglo XVIII, los viejos valores hispánicos fueron cuestionados y criticados por una dinámica minoría intelectual. Se trataba de los «ilustrados», que, como los arbitristas de la centuria anterior, se preguntaban por las causas de la decadencia y de la ruina de España. Con el apoyo de la nueva dinastía de los Borbones, consiguieron activar los recursos del país e impulsar su renovación a pesar de la oposición de conservadores y tradicionalistas.

Durante el siglo XVIII, el Estado español intenta proteger sus posesiones americanas del creciente imperialismo británico y participa activamente en la política internacional. Francia e Inglaterra poseen ahora la hegemonía entre los países europeos.

La reactivación económica, que se venía produciendo desde finales del siglo anterior, acabó definitivamente con la crisis. Durante el reinado de Fernando VI se pudo terminar un año con superávit. Esta situación financiera facilitó el aumento demográfico, de manera que a final de siglo la población era casi el doble que al principio.

En el campo de la creación artística, el Barroco sobrevivió mucho tiempo hasta que fue sustituido gradualmente por una nueva corriente clasicista (neoclasicismo), más fría y académica, sin embargo, que la renacentista. En literatura, al mismo tiempo que se imitaban los modelos franceses, se produjo una reacción localista. Muchos autores se inspiraron en lo popular y en lo costumbrista.

La transformación del Estado: el «Decreto de Nueva Planta»

Carlos II, el Hechizado, último rey español de la Casa de Austria, murió sin descendencia. Pero, contra lo que podían hacer creer sus continuas muestras de debilidad, supo resistir las presiones de última hora para que repartiera las posesiones españolas. Por testamento del 2 de octubre de 1700 nombró heredero a Felipe de Anjou, nieto del rey Luis XIV de Francia, con la condición de que nunca se reuniesen en él las coronas de España y de Francia, cosa que temían las potencias europeas y, en especial, el otro aspirante al trono de España, el archiduque de Austria.

Luis XIV, que aceptó la herencia en nombre de su nieto, proclamó, sin embargo, los derechos de éste a la Corona de Francia. Ésta fue la causa visible (que enmascaraba muchas otras) de la llamada Guerra de Sucesión española: conflicto dinástico e internacional que afectó a toda Europa.

La contienda se dirimió a favor de Felipe de Anjou, Felipe V, el primer monarca de la Casa de Borbón en España, que importó el modelo francés de organización unitaria del Estado y extendió la centralización administrativa a casi todos los territorios de la Corona: en 1707 abolió los fueros valencianos y aragoneses y, en 1717, por el «Decreto de Nueva Planta», los catalanes.

El Decreto benefició económicamente a Cataluña y respetó las libertades que no colisionaban con el poder central, así como su singularidad lingüística y cultural, que no fue en ningún caso reprimida. Los fueros vascos y navarros fueron respetados, tal vez por haber contado durante la guerra con el apoyo de estos pueblos. El peso del poder central se haría sentir, no obstante, cada vez con más fuerza a través del funcionariado.

Felipe V creó además, en su afán reorganizativo, el sistema de los Ministerios, que sustituirían a los Consejos; privó a las Cortes de la escasa autoridad que aún conservaban; transformó los virreinatos en capitanías generales y extendió por todo el ámbito nacional la organización local castellana.

El «Despotismo Ilustrado»: las reformas

Los ilustrados pusieron en práctica, de acuerdo con la monarquía, una nueva forma de gobernar, el «Despotismo Ilustrado», que, a través de reformas impuestas y orientadas a extender la cultura, el progreso y la libertad a todos los ciudadanos, quería transformar la sociedad: «Todo para el pueblo, pero sin el pueblo.»

El programa reformista se centró en dos actividades que los ilustrados consideraban fundamentales: la economía y la enseñanza. Se dedicaron con entusiasmo a la resolución de los graves problemas que les aquejaban. Aplicaron criterios racionalistas no exentos, en muchos casos, de cierta dosis de utopía.

Pasaron pronto del proteccionismo económico al liberalismo. Buscaron sobre todo la desaparición de las trabas que obstaculiza-

Carlos III, por Mengs. Museo del Prado, Madrid. Su reinado fue el de la Ilustración, el de las reformas urbanísticas y arquitectónicas.

ban el desarrollo de la agricultura, según aconsejaban los fisiócratas, para quienes toda la riqueza procede de la tierra y del interés individual en hacerla producir. Los ilustrados pensaban, en consecuencia con esta teoría, que en España no podía existir gran interés individual, ya que la mayor parte de las tierras (el 70 por 100) eran «bienes de manos muertas», por lo que urgía organizar de forma más racional los sistemas de posesión. Esta necesidad originó la aparición de una cuestión controvertida, la de la «reforma agraria», que se ha mantenido en plena actualidad desde entonces hasta nuestros días.

El *Informe sobre la ley agraria,* de Jovellanos, es el texto que resume mejor las opiniones de los ilustrados sobre el problema agrario:

> La agricultura, Señor, clama con mucha justicia por esta providencia, porque nunca será más activo el interés de los colonos que cuando sean copropietarios y cuando el sentimiento de que trabajan para sí y sus hijos los anime a mejorar su suerte y perfeccionar su cultivo. Esta reunión de dos intereses y dos capitales en un mismo objeto formará el mayor de todos los estímulos que se puedan ofrecer a la agricultura.

El interés de los ilustrados por los problemas agrícolas les impulsó a realizar importantes obras de colonización de tierras, como las dirigidas por Olavide en Sierra Morena. Quiso crear allí una idílica sociedad de pequeños propietarios instalados en núcleos de población de racional y espacioso trazado, que repite los modelos urbanísticos que se habían empleado en América. El mejor ejemplo es quizá el de La Carolina (Jaén).

En los demás sectores de la producción se aplicaron los mismos principios liberales: *laissez faire, laissez passer.* Se intentó acabar con los gremios; en 1717 se abolieron las aduanas interiores; en 1778 se suprimió el monopolio castellano en el comercio con América. La burguesía tomó confianza e invirtió en empresas de todo tipo. España se convirtió en una de las potencias textiles de Europa.

En la enseñanza, el otro gran tema que preocupaba a los ilustrados, se produjo una auténtica revolución. Las universidades estaban, en efecto, reservadas en la práctica a las élites del país. Apenas se impartían en ellas enseñanzas útiles. Carlos III, el gran rey ilustrado, expulsó a los jesuitas, que controlaban las universidades y eran el apoyo más firme de los estudiantes aristócratas. Facilitó también el acceso de las clases medias a los estudios superiores. En las Universidades se formarían muchos tecnócratas ilustrados e intelectuales liberales, adictos a ideologías vanguardistas. Es el momento en que se extiende la masonería, que postulaba el igualitarismo y la libertad de conciencia, y el jansenismo, defensor del derecho del soberano a dirigir la ordenación de la Iglesia nacional.

El ideal renovador se manifestó también en otros muchos aspectos. Se crearon las Juntas de Comercio. Se fundaron las Sociedades Económicas de Amigos del País, asociaciones destina-

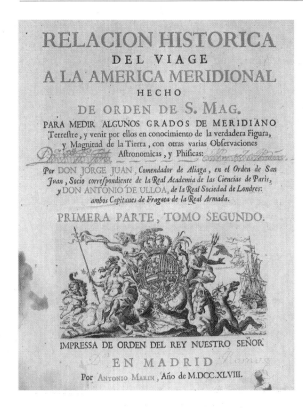

Portada de la Relación Histórica del viage a la América Meridional hecho de orden de S. Magestad... *(Madrid, 1748). Se refiere a la expedición de Jorge Juan y Antonio de Ulloa para la medición del meridiano.*

das a fomentar la economía, la cultura y el estudio de las ciencias experimentales. Fue el momento de la fundación de numerosos organismos científicos y culturales como las Reales Academias de la Lengua, de la Historia, de Bellas Artes, de Medicina, de Matemáticas, de Jurisprudencia; la Biblioteca Nacional; Escuelas, Facultades, Conservatorios, Archivos, Observatorios Astronómicos, Jardines Botánicos, etc. Se publicaron obras y tratados sobre todas las ramas del saber y de la ciencia. Se creó una verdadera ciencia española, y grandes personalidades, como Ulloa y Jorge Juan, participaron en comisiones científicas internacionales de gran prestigio.

A pesar de lo utópico de muchos ideales de los ilustrados, se hicieron grandes progresos bajo su dirección. Éstos fueron patentes sobre todo en el aspecto social. Por primera vez en la historia de España la burguesía desempeñó un papel social relevante y consiguió aumentar considerablemente el número de sus efectivos, en detrimento de los privilegiados y de los religiosos, que pasaron de 700.000 a 400.000 y de 220.000 a 170.000, respectivamente, a lo largo del siglo.

Algunos nobles participaron del espíritu ilustrado. La mayoría, sin embargo, reaccionó en contra refugiándose en un mundo artificial de casticismo cuyo exponente máximo serían las corridas de toros, que se popularizaron en esta centuria. Los artesanos y labradores mejoraron su suerte a causa de la abolición por Carlos III de la deshonra legal que recaía sobre sus oficios.

Se lograron, en definitiva, unas estructuras de producción más modernas y, sobre todo, una sociedad más abierta y libre que la de los siglos anteriores. Esto, a pesar de la persistencia de la Inquisición, ya anacrónica y debilitada, que continuaba, sin embargo, con su irracional rechazo de las novedades, como quedó demostrado en el encarcelamiento y condena de Olavide. Los españoles estaban, pues, preparados para afrontar con éxito el reto que planteará la aceleración del ritmo histórico durante la próxima centuria. El miedo que produjo el comportamiento de los revolucionarios franceses provocó el que la reacción más conservadora se hiciera de nuevo con el poder durante el reinado de Fernando VII, a principios del siglo XIX. A partir de entonces, el enfrentamiento entre progresistas-liberales, por un lado, y conservadores-tradicionalistas, por otro («las dos Españas»), será factor determinante de la historia del país.

La tradición racionalista culmina en la Ilustración

A lo largo del siglo XVIII los europeos profesan un nuevo orden de valores, laicos y liberales, basados en el convencimiento de que la razón humana puede encontrar soluciones a los problemas que afligen a la Humanidad y vías adecuadas para el progreso, la igualdad y la justicia. Los ilustrados, nombre que se aplicó, como hemos visto, a quienes compartían esos ideales, reaccionaron contra el Antiguo Régimen y contra algunos aspectos de la religión, proclamando la idea pactista del Estado y la universalidad e independencia de las leyes científicas. Eran, pues, inconformistas, librepensadores y progresistas.

El espíritu de la Ilustración, o de las Luces, que ambos nombres se dieron al movimiento, se unió en España al de los «novatores», grupo de intelectuales que, entre finales del siglo XVII y principios del XVIII, actualizaron el racionalismo de los erasmistas y de los tácitos, así como el de todos los que se habían preocupado por la decadencia del país. Los novatores eran eclécticos y receptivos de las novedades del pensamiento europeo; preferían el estudio de las ciencias físicas al de la metafísica y rechazaban las abstracciones de los escolásticos. Ellos fueron quienes hicieron posible el contacto entre la tradición racionalista española y las innovaciones de la Ilustración. Los ilustrados españoles tuvieron algunas particularidades que los distinguen de los demás europeos; entre ellas, su deseo de combinar el nuevo espíritu con lo mejor de la tradición local, con la tradición racionalista, y su actitud respetuosa ante el dogma católico, aunque apoyaron el regalismo y criticaron las prerrogativas fiscales de la Iglesia y sus grandes posesiones.

Las ciencias

La trayectoria de las ciencias aplicadas, durante el siglo XVII, había sido muy semejante a la que describimos al referirnos a la época renacentista. La náutica, las ciencias naturales, la geografía y la técnica minera fueron los principales objetos de investigación. La medicina, que tuvo un pasado glorioso, quedó estancada hasta las décadas finales del siglo.

Ya hemos tenido ocasión de reseñar la fundación de numerosas instituciones científicas, como los jardines botánicos de Madrid, la Orotava (Tenerife) y Sanlúcar de Barrameda (Cádiz); el Gabinete de Historia Natural (Madrid) y diversas Academias. Al mismo tiempo florecieron científicos de primera línea como los botánicos Celestino Mutis, Cabanilles, Lagasca, Rojas Clemente, etc., y los químicos Andrés del Río (descubridor del vanadio), Antonio de Ulloa (descubridor del platino) y los hermanos Elhuyar (descubridores del wolframio). En el Seminario de Vergara y en el Laboratorio de Química, de Segovia, explicó el francés Proust. Las obras sobre Geodesia de Jorge Juan y de José Joaquín Ferrer se tradujeron a varios idiomas. España organizó una expedición para medir la intensidad de la gravedad en distintos puntos del globo terrestre y deducir así la forma exacta de éste.

La renovación en Medicina, como en otras ciencias, no se realizó en las universidades, sino en nuevas instituciones como la Regia Sociedad de Medicina y Otras Ciencias, de Sevilla, cuyas primeras ordenanzas datan de 1700. Las verdaderas iniciativas médicas parten, sobre todo, de los Reales Colegios de Cirugía, como el de Cádiz (1748), con la figura de su primer director, Pedro Virgili, que fundó también el de Barcelona (1764). Les siguió el de Madrid, fundado en 1780. Además de Virgili, la Medicina española del siglo XVIII dio personalidades tan importantes como Gimbernat, Martín Martínez, Andrés Piquer, Francisco Solano de Luque, Vicente Lardizábal, los hermanos Luzuriaga, Francisco Carbonell, José Masdevall y Francisco Salvá. Merece especial atención Francisco Javier de Balmis y Berenguer (1753-1819) por haber dirigido la famosa expedición que dio la vuelta al mundo, entre 1803 y 1806, para propagar la vacuna antivariólica en extensos territorios de América y Asia. España fue el primer país que acometió una empresa de este género, iniciada a los siete años del descubrimiento de Jenner.

El ensayo y la divulgación prevalecen sobre la literatura de imaginación

El espíritu reformista y el afán docente de los ilustrados fueron causa del extraordinario desarrollo del ensayo y de los trabajos de divulgación, que superaron a la creación literaria pura. Ésta se llegó a concebir también como medio para la instrucción y el adoctrinamiento. Ésta es la razón de la importancia que alcanzaron las publicaciones periódicas y las revistas.

Entre los grandes ensayistas y divulgadores del siglo XVIII hay que destacar tres nombres: el padre Benito Feijoo, autor de sencilla prosa, eminentemente didáctico y crítico implacable de errores, supersticiones y falsedades; José de Cadalso, comentarista de los males de la patria en la misma línea que seguirían luego Blanco White y Larra; Gaspar Melchor de Jovellanos, personalidad esencial de la Ilustración española. Fue economista y autor de obras como *Memoria sobre la Educación* y el ya citado *Informe sobre la ley agraria*, elocuentes testimonios del interés de los ilustrados por los consabidos temas de la educación y de la economía.

En este supuesto, digo que de los libros que he referido he hecho la siguiente separación: He escogido cuatro de matemáticas, en los que admiro la extensión y acierto que tiene el entendimiento humano cuando va bien dirigido. Otros tantos de filosofía escolástica, en que me asombra la variedad de ocurrencias extraordinarias que tiene el hombre cuando no procede sobre principios ciertos y evidentes. Uno de medicina, al que falta un tratado completo de los simples, cuyo conocimiento es mayor en África...

(De *Cartas marruecas,* de Cadalso.)

Entre los prosistas de la época, Juan Pablo Forner fue el más directo precedente del pensamiento reaccionario español del si-

Francisco de Goya, Retrato de Don Gaspar Melchor de Jovellanos, *Museo del Prado. Gracias a sus trabajos sobre educación y economía —concretamente sobre la reforma agraria— Jovellanos es el principal representante de la Ilustración española.*

glo XIX, con su *Oración apologética por la España y su mérito literario,*
escrita en respuesta a la pregunta «¿Qué se debe a España?», for-
mulada en la *Encyclopédie Méthodique.* Forner enaltece las raíces cristianas de la cultura española frente al laicismo de la Ilustración.

El neoclasicismo literario

En literatura, el neoclasicismo significó, como es sabido, el
sometimiento a unas reglas concretas, inspiradas en la preceptiva
clásica, que rechazaban la mezcla de elementos contradictorios,
como lo trágico y lo cómico, el verso y la prosa, y exigían en el
teatro el respeto a las tres unidades: de tiempo, de acción y de
lugar. La novela apenas interesó a los ilustrados, empeñados en
sus quehaceres de divulgación. La poesía se practicó fundamentalmente en tres escuelas: la salmantina, con autores como el ya
citado Cadalso, que cultivó el género anacreóntico, composición
de carácter festivo, y Meléndez Valdés, autor también de temas
anacreónticos y pastoriles; la escuela andaluza, que quiso actuali-
zar la tradición sevillana del Siglo de Oro, en la que se distinguió
J. M. Blanco White, sacerdote emigrado a Inglaterra, autor de la famosa composición *Mysterious Night;* la escuela madrileña, por último, con las personalidades de los Moratín, padre e hijo. Nicolás
Fernández de Moratín fue ferviente seguidor de las modas neoclásicas
como dramaturgo, pero prefirió como poeta los temas tradicionales.
Leandro Fernández de Moratín fue un lírico sincero e intimista.

> Madrid, castillo famoso
> que al rey moro alivia el miedo,
> arde en fiestas en su coso,
> por ser el natal dichoso
> de Alimenón de Toledo.
>
> Su bravo Alcaide Aliatar,
> de la hermosa Zaida amante,
> las ordena celebrar
> por si la puede ablandar
> el corazón de diamante.
>
> Pasó, vencida a sus ruegos,
> desde Aravaca a Madrid.
> Hubo pandorgas y fuegos,
> con otros nocturnos juegos
> que dispuso el adalid.
>
> Y en adargas y colores,
> en las cifras y libreas,
> mostraron los amadores
> y en pendones y preseas
> la dicha de sus amores.

(De *Fiesta de toros en Madrid,*
de Nicolás Fernández de Moratín.)

En el teatro se manifestaron dos corrientes: la tradicional, con
los castizos sainetes de Ramón de la Cruz, y la neoclásica, introdu-
cida por Leandro F. de Moratín, autor de elegantes y cuidadas
comedias.

El arte barroco es sustituido lentamente por el neoclásico

El barroco artístico se prolongó a lo largo del siglo XVIII a través del churrigueresco, que multiplicó y exageró su fastuosidad ornamental. Los Churriguera eran una familia de arquitectos catalanes establecidos en Madrid desde 1650. Alberto Churriguera fue el autor de la espléndida Plaza Mayor de Salamanca, iniciada en 1728. Las fachadas de Pedro de Ribera, «maestro mayor» del Ayuntamiento de Madrid, representan el cenit del decorativismo (portada del antiguo Hospicio, hoy Museo Municipal de Madrid). Una obra muy representativa de esta tendencia, que casi enlaza ya con el rococó, es el Transparente o capilla sacramental de la catedral de Toledo, obra de Narciso Tomé (1726). La obra cumbre de la arquitectura española del siglo XVIII es, sin duda, la monumental fachada del Obradoiro, de la catedral de Santiago de Compostela, que encierra el Pórtico de la Gloria, levantada por Fernando Casas y Novoa entre 1738 y 1750.

Los italianos Juvara y Sacchetti son los autores del Palacio Real de Madrid, para sustituir al antiguo Alcázar de los Austrias, destruido por un incendio. De esta misma época son los palacios reales de La Granja y de Aranjuez (éste es, en realidad, una remodelación) y la iglesia madrileña de San Francisco el Grande. Ya en estilo neoclásico destacan las construcciones de Juan de Villanueva y especialmente el edificio que hoy alberga el Museo del Prado.

El clasicismo, contemplado *in situ*, cautivó a cierto número de escultores que, a mediados de siglo, habían sido enviados a Roma por la Academia de Bellas Artes de San Fernando. Éstos se adhirieron inmediatamente a las nuevas modas neoclásicas, que sustituirían a la tradicional imaginería religiosa en madera policromada por temas mitológicos en piedra. Así, las fuentes ornamentales de Cibeles, Neptuno y Apolo, en Madrid, o las numerosas de los jardines de La Granja, cerca de Segovia. El barroquismo y la temática religiosa de tipo procesional continuó, sin embargo, gracias a artistas como Francisco Salzillo (Museo Salzillo, Murcia).

La decoración de los palacios reales estimuló la pintura de cartones para tapices, así como la mural y decorativa de temas mitológicos. En la segunda mitad del siglo se produce una reacción que introdujo temas costumbristas y profanos. Luis Paret y Alcázar es, quizá, el pintor español que mejor representa los gustos del rococó (*La comida de Carlos III* y *Baile de Máscaras,* Museo del Prado). Luis Meléndez es pintor representativo del género bodegón o naturaleza muerta (Prado).

La necesidad de decorar los palacios reales recientemente construidos impulsó también la creación de fábricas de objetos suntuarios. Así sucedió, por ejemplo, con la de loza fina de Alcora (Castellón de la Plana); la de porcelana del Buen Retiro (Madrid), que tuvo también sección de bronces y talla de piedras duras, y la de vidrio y cristal de La Granja (Segovia), que consiguió ejemplares bellísimos, sobre todo en las secciones de espejos y lámparas. Los tapices y alfombras alcanzaron gran calidad en la Real Fábrica de Santa Bárbara (Madrid). Ejemplos notables de estas artes suntuarias pueden verse, además de en palacios reales, etc., en el Museo Nacional de Artes Decorativas y en el Museo Municipal de Madrid.

La individualidad artística de Goya

La pintura del aragonés Francisco de Goya (1746-1826) representa el triunfo de la fantasía, del verismo, del color y de la técnica ágil sobre los convencionalismos del neoclásico. Goya rompe con las modas de su tiempo y las trasciende hasta crear un arte intemporal.

El artista se formó como pintor de cartones para tapices que son una auténtica galería de tipos populares y de escenas costumbristas. Sus retratos son ejemplo de arte comprometido (*La familia de Carlos IV*), y sus «pinturas negras», grabados, aguafuertes y litografías manifiestan la fuerza de su prodigiosa imaginación.

Practicó también la pintura al fresco y, preocupado por su momento histórico, inmortalizó los horrores de la Guerra de la Independencia en series de grabados como *Los desastres de la Guerra* o en óleos como *La carga de los mamelucos* y *Los fusilamientos de la Moncloa*.

El Museo del Prado guarda obras de Goya en número y variedad de estilos que permiten formarse una idea muy completa de su obra ingente. Madrid conserva, además, el mejor ejemplo de su pintura mural, en la bóveda de la ermita de San Antonio de la Florida.

La música culta se inspira en la tradición popular

La guitarra se convirtió, durante el siglo XVIII, en el instrumento español por excelencia. Las formas tradicionales y populares españolas fueron cultivadas por compositores de música culta, como el padre Soler y Doménico Scarlatti, que las combinó con las modas italianas y aprovechó los efectos armónicos de la guitarra en sus composiciones para clave.

Hispanoamérica

Durante el Barroco, madura la mentalidad criolla (criollo: descendiente de europeos nacido en América) y la metrópoli pone en práctica un nuevo sistema de integración del indio: las «reducciones», en las que se le promocionaba mediante el aprendizaje de oficios. Se apoya también el desarrollo del urbanismo, en el que se empleó el racional sistema de cuadrícula mediante calles que se cruzan en ángulo recto.

El Barroco tuvo gran difusión en Hispanoamérica. Se distinguieron personalidades literarias como la mexicana Sor Juana Inés de la Cruz, notable poetisa lírica y comediógrafa.

El espíritu reformista aplicó criterios prácticos para el aprovechamiento óptimo de los recursos americanos. Uno de ellos fue la libertad de comercio decretada por Carlos III, que estimuló la productividad, el aumento demográfico y el del sector de la burguesía, entre cuyos miembros maduraron ideales independentistas, que fueron bien comprendidos por algunos políticos ilustrados, como el conde de Aranda, defensor de un proyecto de federación hispanoamericana como alternativa a la independencia.

La cultura hispanoamericana alcanzó durante la Ilustración niveles similares a los de la metrópoli y, en el dominio del arte, el neoclásico sustituyó gradualmente al barroco —al de la escuela de Pedro de Ribera—, que había gozado de amplia difusión.

CRONOLOGÍA DE ALGUNOS HECHOS IMPORTANTES DURANTE EL BARROCO Y LA ILUSTRACIÓN

— 1618-1640: Como consecuencia de la guerra de los Treinta Años, España pierde la hegemonía militar y política en Europa y tiene que reconocer la independencia de Holanda.

— 1621: Felipe IV, rey de España.

— 1626: Juan Ruiz de Alarcón publica en Madrid la Primera Parte de sus Comedias.

— 1635: Velázquez: *La rendición de Breda* o *Las lanzas*.

— 1638-1639: Zurbarán: pinturas de la sacristía del Monasterio de Guadalupe (Cáceres).

— 1640: La oposición de los portugueses acaba con la «monarquía dual» hispanoportuguesa. Revolución foralista en Cataluña.

— 1656: Velázquez: *Las Meninas*.

— 1659: España acuerda con Francia la Paz de los Pirineos y tiene que ceder, entre otros territorios, la mayor parte de la Cerdaña y el Rosellón.

— 1665: Carlos II, rey de España.

— 1680: Se promulga la *Recopilación de Leyes de los Reinos de Indias*.

— 1700: Felipe V, rey. Guerra de Sucesión.

— 1712: Fundación de la Biblioteca Nacional.

— 1713: Paz de Utrecht. Felipe V es reconocido rey de España. Pérdida de las últimas posesiones españolas en Europa. Inglaterra ocupa Gibraltar y Menorca.

— 1714: Creación de la Real Academia Española de la Lengua. Creación de la Universidad de Cervera (Lérida).

— 1714-1717: Supresión de las aduanas interiores.

— 1726-1739: La Real Academia Española de la Lengua publica su primer *Diccionario,* en seis volúmenes.

— 1733: Primer Pacto de Familia con Francia como consecuencia del expansionismo británico.

— 1734: Creación de la Real Academia de Medicina.

— 1737: Creación de la Real Academia de Farmacia.

— 1743: Segundo Pacto de Familia.

— 1744: Creación de la Real Academia de Bellas Artes de San Fernando.

— 1746: Fernando VI, rey de España.

— 1748: Fundación del Real Colegio de Cirugía de Cádiz.

— 1753: Concordato con la Santa Sede en el que se reconocen al rey de España ciertos derechos de intervención en asuntos eclesiásticos.

— 1754: Fundación del Observatorio Astronómico de Marina, en Cádiz.

— 1755: Jardín Botánico de Madrid.

— 1756: Se funda la primera Sociedad Económica de Amigos del País.

— 1759: Carlos III, rey de España.

— 1761: Tercer Pacto de Familia.

— 1766: La oposición reaccionaria promueve el Motín de Esquilache.

— 1767: Los jesuitas son expulsados de España y de sus colonias.

— 1771: Campomanes propone la reforma agraria y comienza la reforma de la enseñanza.

— 1782: Creación del Banco Estatal de San Carlos.

— 1783: Se recuperan Menorca, Uruguay y Florida.

— 1786: Juan Pablo Forner: *Oración apologética por España y su mérito literario.*

— 1788: Carlos IV, rey de España.

— 1789: Goya es nombrado pintor de Cámara. Se limitan los derechos jurisdiccionales de los señoríos.

— 1792: Godoy accede al poder.

— 1795: Jovellanos: *Informe sobre la ley agraria.*

— 1796: El Estado español se alía a la Francia revolucionaria del Directorio por el Tratado de San Ildefonso.

— 1800: Goya: *La familia de Carlos IV.*

BIBLIOGRAFÍA

— J. A. Maravall, *La cultura del Barroco,* Barcelona, Ariel, 1983.
— G. Anes, *El Antiguo Régimen: los Borbones,* Madrid, Alianza-Alfaguara, 1975.
— A. Domínguez Ortiz, *Sociedad y Estado en el siglo XVIII español,* Barcelona, Ariel, 1976.
— Varios autores, *España en el siglo XVIII,* Barcelona, Crítica, 1985.
— V. Palacio Atard, *España en el siglo XVII,* Madrid, Rialp, 1987.

6. Los españoles y las innovaciones del siglo XIX

«Las dos Españas».—Los avatares políticos.—La sociedad burguesa.—El Romanticismo.—El subjetivismo de la poesía romántica.—La prosa satírica y costumbrista.—Los dramaturgos románticos se inspiran en la tradición de los «Siglos de Oro».—La exaltación romántica cede ante el auge del realismo.—El realismo evoluciona hacia la representación del mundo emocional: el naturalismo.—Renacimiento de las culturas regionales: la «Renaixença» y el «Rexurdimiento».—Los krausistas dan un gran impulso a la cultura con la creación de la Institución Libre de Enseñanza.—Pi y Margall, máximo representante de progresismo político.—Los «regeneracionistas» de finales de siglo.—Reconocimiento internacional a la ciencia española.—El arte de la burguesía. Neomedievalismo y Modernismo. Tradición y vanguardismo en las artes plásticas.—Consagración de la música popular a través de la zarzuela.—Los comienzos del cine.—Cronología de algunos hechos importantes durante el siglo XIX.—Bibliografía.

El enfrentamiento ideológico, la frecuente intervención violenta de los militares en la política («pronunciamientos»), los desequilibrios sociales y los nacionalismos regionales degradaron a lo largo de la centuria, entre otros factores, la convivencia de los españoles, que accederán al siglo XX inmersos en un ambiente de conflictividad generalizada.

La población española aumentó considerablemente. El deficiente equipamiento industrial y los arcaicos sistemas de posesión de la tierra impedían, sin embargo, el desarrollo económico y social. La gran masa de la población vivía, en consecuencia, de espaldas al país oficial, y tardaría mucho tiempo en disfrutar de las conquistas sociales del siglo.

Una minoría de burgueses, liberales y progresistas, herederos del espíritu de los ilustrados y preocupados como ellos por los problemas económicos y educativos, se hizo intermitentemente con el poder y promulgó hasta diez Constituciones, sin que ninguna de ellas consiguiera unir a la mayoría del pueblo ni resolver los males estructurales de la sociedad.

Los españoles participaron en todas las novedades literarias, artísticas y científicas del siglo, y, entre 1875 y la guerra civil de 1936-39, la cultura conocerá una nueva época de esplendor, un «Segundo Siglo de Oro».

«Las dos Españas»

La expresión «dos Españas» hace referencia, como indicábamos en el capítulo anterior, a la oposición entre las dos ideologías que han polarizado, desde finales del siglo XVIII, el entusiasmo de los españoles: la liberal-progresista y la tradicionalista-conservadora.

La ideología liberal, mantenida por burgueses e intelectuales, afirmaba la soberanía nacional, postulaba el parlamentarismo y la división de poderes y se concretó en las Constituciones, entre las que sólo la de 1876 superaría los diez años de vigencia.

El conservadurismo profesado por la clase social que siempre había ejercido el poder (terratenientes, nobles y mayoría del clero), así como por amplios sectores del pueblo, controlado y dirigido por aquél, apoyaba el inmovilismo y el absolutismo político, a pesar de ser éste ajeno a la tradicional organización pluralista de España.

Los carlistas (defensores de los derechos al trono de España de don Carlos, hermano de Fernando VII) elaboraron una ideología política conservadora en la que se mezclaban la defensa de la monarquía absoluta y confesional con la de los fueros.

Los avatares políticos

El siglo XIX comenzó bajo el signo de la violencia: la invasión de España por los ejércitos napoleónicos con el pretexto de ocupar Portugal. Este hecho provocó una guerra de liberación nacional, la de la Independencia, en la que el patriotismo del pueblo español fue canalizado por la reacción conservadora contra los ilustrados, apodados «afrancesados», a quienes se acusaba de colaborar con el enemigo, por lo que sus proyectos e ideales se hundieron en el desprestigio. Se llegó a tal extremo de contradicción, que, mientras el pueblo luchaba heroicamente, sus representantes en las Cortes de Cádiz promulgaban la Constitución de 1812, la primera de las españolas, que se inspiraba en los valores que animaban a los invasores.

La difusión del liberalismo y de los nacionalismos; el ejemplo de los vecinos del norte; el apoyo prestado por los propios liberales metropolitanos; el vacío de poder ocasionado por la guerra y la consiguiente formación de «juntas» detentadoras de la soberanía explican, junto a otros factores, la rápida generalización de las ideas separatistas entre los hispanoamericanos, que conseguirían la independencia entre 1810 y 1824. Ésta no fue una empresa indígena, sino de los criollos, que sólo defendían sus intereses de grupo. Sólo Cuba, Puerto Rico y Filipinas permanecerían unidas a la Corona española hasta 1898.

La tensión provocada por las guerras carlistas continuó en los numerosos pronunciamientos, revoluciones, cambios de gobierno e incluso del sistema político sufridos hasta la llamada época de la Restauración (1875-1902). La Restauración representó un período de estabilidad política gracias a Cánovas del Castillo, ideólogo de la Constitución de 1876. A partir de la idea de la existencia de una «Constitución interna», forjada por la Nación a lo largo de la Historia y según la cual la soberanía corresponde al rey conjuntamente con las Cortes («doctrinarismo»), Cánovas estableció un sistema político basado en la alternancia de liberales y conservadores en el gobierno. Este sistema funcionó a base del fraude electoral respaldado por el poder (el «pucherazo»), lo que habría de tener influencias nefastas en la moralidad de la Administración española.

La aparición de nuevas potencias, como los Estados Unidos de América, planteó serios problemas al menguado Imperio español, que, sin embargo, a finales de siglo aún conservaba Cuba, Santo Domingo y Puerto Rico, en América, y las Islas Filipinas, Guam, las Marianas, Carolinas y Palaos, en el Pacífico. En 1898, España perdía frente a Estados Unidos los restos de sus territorios ultramarinos. Como los arbitristas del Barroco, los «regeneracionistas» y la llamada «Generación del 98» se preguntan por las causas del desastre y actualizan el tema de «España como problema».

La sociedad burguesa

Ilustrados y liberales querían crear una amplia clase media de pequeños propietarios, moderada en sus credos políticos y que sirviera de base al liberalismo. Para lograrlo, decidieron terminar de una vez para siempre con el viejo problema agrario, mediante la desamortización de los «bienes de manos muertas». Llevaron a efecto en parte este objetivo, durante la primera mitad del siglo, con la derogación de los derechos señoriales y la nacionalización y

Fernando VII fue visto así por Goya en un lienzo que custodia el Museo del Prado. Una de las preocupaciones del rey fue la creciente liberalización del Ejército. Sus visitas a los acuartelamientos y a los campamentos militares eran constantes.

Este bello cuadro de Manuel Rodríguez de Guzmán, «el Panadero», que guarda el Museo Romántico de Madrid, lleva por título La romería de la Virgen del Puerto. *Es un interesante ejemplo del triunfo del costumbrismo en la pintura romántica. La ermita de la Virgen del Puerto se levanta en Madrid junto al Puente de Segovia y se debe al gran arquitecto barroco Pedro de Ribera.*

venta en subasta pública de los latifundios eclesiásticos y municipales, pues no se atrevieron a hacer lo mismo con los de los nobles. El resultado fue decepcionante, ya que las nuevas tierras fueron adquiridas por nobles y adinerados. La Iglesia, desposeída de su principal fuente de recursos, tuvo que reducir sus tareas asistenciales y, en consecuencia, braceros y jornaleros quedaron aún más desamparados.

En el otro gran tema que preocupaba a los liberales, el de la educación, impusieron a mediados de siglo criterios uniformadores y laicos: sólo la Universidad de Madrid, la «Central», fue autorizada a expedir el título de Doctor y el Estado monopolizó la regulación y organización de la enseñanza.

La población pasó de 10,5 millones a 18,5 millones durante el siglo XIX. La nobleza y el alto clero perdieron parte de su protagonismo en política, reemplazados por miembros de la burguesía. Esta clase social incrementó notablemente sus efectivos a finales del siglo como, en general, toda la población urbana: Madrid y Barcelona superan el medio millón de habitantes. En ellas, como en cualquier ciudad europea, los barrios de las nuevas clases medias (Ensanche barcelonés, Barrio de Salamanca y Ciudad Lineal de Madrid) añaden su trazado futurista a un marco urbano dominado hasta entonces por la fastuosidad de las mansiones nobiliarias y la sordidez de los extensos barrios obreros.

La Revolución Industrial llegó a España tardíamente. Se concentró, sobre todo, en Cataluña y en el País Vasco. No alcanzó un gran desarrollo y generó, como en todo el Continente, una nueva clase social, la obrera o de los asalariados, a quienes la burguesía —hasta entonces artífice del progreso y del cambio social— se resistía a conceder los derechos políticos por los que ella había luchado. Los obreros se organizan, en consecuencia, en sindicatos de ideología anarquista y socialista e inician una larga lucha hacia la conquista de un lugar digno en la sociedad.

La pérdida de mercados consiguiente a la independencia de Hispanoamérica perjudicó a la burguesía industrial catalana y vasca, que acusó al Gobierno central de ineficacia, lo combatió afiliándose al carlismo y quiso sustituir en el poder a la oligarquía terrateniente. Fracasados sus intentos, redujo sus aspiraciones al estricto ámbito regional y derivó hacia posiciones nacionalistas que encontraron un buen aliado en la exaltación romántica del localismo y de las lenguas y culturas autóctonas, cuya defensa se convirtió en un medio de acción política.

Por los años ochenta, se dieron a conocer varios textos constitucionales para los «Estados» regionales, como la Constitución de Antequera, considerada posteriormente, por el nacionalista Blas Infante, texto auroral del andalucismo. Alfredo Brañas formulaba, a finales de siglo, las bases del regionalismo gallego. En ninguna parte suscitaría el regionalismo-nacionalismo tanto entusiasmo como en Cataluña, donde la Lliga Regionalista proponía, en 1900, una Federación de Estados Ibéricos. Sabino Arana postulaba, en el País Vasco, el separatismo puro y simple fundando, en 1906, el Partido Nacionalista Vasco, que aceptaba la violencia como medio para conseguir sus objetivos e invocaba motivaciones de carácter racial y católico.

El Romanticismo

El Romanticismo no fue sólo un estilo literario, sino también una nueva forma de conducta que obedecía, sobre todo, a los impulsos emocionales. Rechazaba el racionalismo de los ilustrados y exaltaba la libertad del individuo y el «yo». Los románticos eran básicamente rebeldes a toda norma, e hicieron del suicidio la manifestación suprema de su inconformismo.

El Romanticismo enalteció las esencias nacionales y regionales, el pasado histórico, lo exótico y lo peculiar. La singular Edad Media de España, la mística soledad de sus yermos y mesetas, los impresionantes testimonios del arte hispanomusulmán, entusiasmaron a multitud de literatos (Gautier, Mérimée, Ford, etc.), que escribieron sobre las gentes y las costumbres españolas, aunque sin rigor científico, resaltando lo anecdótico y superficial. La «España de pandereta», la de los cantaores, los gitanos, los toreros y los bandoleros, fue, en definitiva, producto de la fantasía romántica.

> ...Tan inmutables como los instrumentos son las aficiones bailatorias de los españoles; hace tres mil años, dicen los historiadores, todas las noches cantaban y bailaban, o más bien gritaban y saltaban, y lejos de constituir eso una fatiga para ellos, bailaban toda la noche a manera de descanso.
>
> (De *Las cosas de España,* de Richard Ford.)

El subjetivismo de la poesía romántica

El intimismo, la imaginación, el colorido y la libertad en los temas y en la métrica animan la poesía romántica, que termina definitivamente con la rigidez de la normativa neoclásica.

El primer gran poeta romántico fue José de Espronceda, lírico emotivo, simbolista y trascendente, cuya obra resume todas las características conceptuales y formales de la nueva corriente:

> Navega, velero mío,
> sin temor,
> que ni enemigo navío,
> ni tormenta, ni bonanza,
> tu rumbo a torcer alcanza,
> ni a sujetar tu valor.
> Veinte presas
> hemos hecho
> a despecho
> del inglés,
> y han rendido
> sus pendones
> cien naciones
> a mis pies.

(De *La Canción del pirata*,
de Espronceda.)

El intimismo cede ante el interés por lo épico y narrativo en José de Zorrilla, poeta con gran sentido del ritmo y dramaturgo eminente. Renace otra vez con los posrománticos —Bécquer y Rosalía de Castro—, con quienes la poesía, la más bella del siglo, se depura y se interioriza.

Gustavo Adolfo Bécquer (1836-1870), lírico refinado y emotivo, compuso una breve obra poética: setenta y ocho *Rimas*, de versos cortos y musicales, palabras precisas y aparente espontaneidad, en las que trata temas tan profundamente románticos como la soledad, el amor y la desesperación:

> Del salón en el ángulo oscuro,
> de su dueño tal vez olvidada,
> silenciosa y cubierta de polvo,
> veíase el arpa.
>
> ¡Cuánta nota dormía en sus cuerdas,
> como el pájaro duerme en la rama,
> esperando la mano de nieve
> que sabe arrancarlas!
>
> ¡Ay, pensé, cuántas veces el genio
> así duerme en el fondo del alma,
> y una voz como Lázaro espera
> que le diga: «¡Levántate y anda!»

(*Rima,* de Gustavo Adolfo Bécquer.)

Como prosista, Bécquer es igualmente importante. En sus famosas *Leyendas* emplea una bellísima prosa poética y se recrea en el tratamiento de lo misterioso, de lo mágico y de lo irreal.

Y cerrando los ojos intentó dormir...; pero en vano había hecho un esfuerzo sobre sí misma. Pronto volvió a incorporarse, más pálida, más inquieta, más aterrada. Ya no era ilusión; las colgaduras de brocado de la puerta se habían rozado al separarse, y unas pisadas lentas sonaban sobre la alfombra; el rumor de aquellas pisadas era sordo, casi imperceptible, pero continuado, y a su compás se oía crujir una cosa como de madera o de hueso. Y se acercaban, y se movió el reclinatorio que estaba a la orilla de su lecho. Beatriz lanzó un grito agudo y, arrebujándose en la ropa que la cubría, escondió la cabeza y contuvo el aliento.

> (De la leyenda *El monte de las ánimas,*
> de Bécquer.)

En la obra de Rosalía de Castro (1837-1883), uno de los más delicados, intensos y originales poetas españoles, según Azorín, destaca una colección de poemas, *En las orillas del Sar,* impregnados de un profundo sentimiento de melancolía, la «saudade», y en los que ensaya novedades métricas que inspirarían a los modernistas:

A través del follaje perenne
que oír deja rumores extraños,
y entre un mar de ondulante verdura,
amorosa mansión de los pájaros,
    desde mis ventanas veo
    el templo que quise tanto.
    El templo que tanto quise...,
pues no sé decir ya si le quiero,
que en el rudo vaivén que sin tregua
    se agitan mis pensamientos,
    dudo si el rencor adusto
vive unido al amor en mi pecho.

> (De *En las orillas del Sar,*
> de Rosalía de Castro.)

La prosa satírica y costumbrista

La prosa de J. M. Blanco White, a quien ya nos referimos al estudiar la poesía del siglo XVIII (vivió entre los siglos XVIII y XIX), es la mejor expresión del pensamiento heterodoxo y satírico de la época. Es «el documento más vivo y fresco, perspicaz y profundo de que hoy disponemos para juzgar la España y los españoles de comienzos del siglo XIX», en palabras de Juan Goytisolo.

Cualesquiera que sean los sentimientos que la originan, existe en España una especie de cruzada contra el bello sexo, que nuestros sacerdotes, excepto aquellos ganados secretamente a la causa del enemigo, mantienen incesantemente, aunque no con igual vigor, en todas las épocas. El principal objeto de controversia es el derecho, reivindicado por el clero, de regular el vestido de las señoras e impedir el desarrollo de las artes de seducción que pudieran poner en

Leonardo Alenza, Sátira del suicidio romántico por amor. *Museo Romántico, Madrid. Alenza caricaturizó con sarcasmo los excesos del Romanticismo, acaso sin darse cuenta de que él era también un romántico.*

peligro la paz de la Iglesia. A cada aparición de una nueva moda, el "tambor eclesiástico" no deja nunca de tocar a rebato.

(De *Cartas desde España,*
de J. M. Blanco White.)

A principios de la centuria vivió Mariano José de Larra, interesante prosista que combinó la crítica con el costumbrismo romántico en agudos artículos periodísticos en los que ironiza sobre «los males de la patria», como Cadalso y Blanco White y como los futuros «regeneracionistas» y los miembros de la Generación del 98:

Sabed que no estáis en vuestro país, activo y trabajador.
—¡Oh!, los españoles que han viajado por el extranjero han adquirido la costumbre de hablar siempre mal de su país por hacerse superiores a sus compatriotas.

—Os aseguro que en los quince días con que contáis no habréis podido hablar siquiera a una sola de las personas cuya cooperación necesitáis.

—¡Hipérboles! Yo les comunicaré a todos mi actividad.

—Todos os comunicarán su inercia.

Conocí que no estaba el señor Sans-Délai muy dispuesto a dejarse convencer sino por la experiencia, y callé por entonces, bien seguro de que no tardarían mucho los hechos en hablar por mí...

(De *Vuelva usted mañana,* de Larra.)

Los dramaturgos románticos se inspiran en la tradición de los «Siglos de Oro»

Los dramaturgos románticos rechazaron la preceptiva neoclásica, pusieron de moda los temas históricos y el teatro español de los «Siglos de Oro», y pretendieron deleitar, simplemente, sin ningún afán didáctico o educativo.

La dramaturgia romántica triunfa con *Don Álvaro o la fuerza del sino,* de Ángel de Saavedra, Duque de Rivas, que describe los amores imposibles de don Álvaro, personaje central, con doña Leonor, a cuya familia priva, involuntariamente, de la vida empujado por el destino («sino») inexorable.

> Voz dentro: —¡Aquí, aquí! ¡Qué horror! *(Don Álvaro vuelve en sí, y luego huye hacia la montaña. Sale el padre Guardián con la comunidad, que queda asombrada.)*
> P. Guardián: —¡Dios mío...! ¡Sangre derramada...! ¡Cadáveres...! ¡La mujer penitente!
> Todos los frailes: ¡Una mujer...! ¡Cielos!
> P. Guardián: —¡Padre Rafael!
> Don Álvaro: —*(Desde un risco, con sonrisa diabólica, todo convulso, dice:)* Busca, imbécil, al padre Rafael... Yo soy un enviado del infierno, soy el demonio exterminador... Huid, miserable.
> Todos: —¡Jesús, Jesús!
> Don Álvaro: —Infierno, abre tu boca y trágame. Húndase el cielo, perezca la raza humana; exterminio, destrucción... *(Sube a lo más alto del monte y se precipita.)*
> El P. Guardián y los frailes: *(Aterrados y en actitudes diversas.)* —¡Misericordia, Señor! ¡Misericordia!

(De *Don Álvaro o la fuerza del sino,* de Ángel de Saavedra.)

Lo dicho sobre la poesía de Zorrilla es válido también para su teatro, el mejor de todo el romanticismo español. Zorrilla hace gala como dramaturgo de gran imaginación y añade agilidad a los temas y situaciones tratados por el teatro tradicional y popular de los Siglos de Oro, especialmente en su famoso *Don Juan Tenorio,* obra clásica de la escena española, en la que recrea la mítica figura del Don Juan.

DON JUAN: —Como gustéis, igual es,
que nunca me hago esperar.
Pues, señor, yo desde aquí,
buscando mayor espacio
para mis hazañas, di
sobre Italia, porque allí
tiene el placer un palacio.
De la guerra y del amor
antigua y clásica tierra,
y en ella el emperador,
con ella y con Francia en guerra,
díjeme: «¿Dónde mejor?
Donde hay soldados hay juego,
hay pendencias y amoríos.»
Di, pues, sobre Italia luego
buscando a sangre y a fuego
amores y desafíos.
En Roma, a mi apuesta fiel,
fijé, entre hostil y amatorio,
en mi puerta este cartel:
«Aquí está don Juan Tenorio
para quien quiera algo de él.»

(De *Don Juan Tenorio,*
de José Zorrilla.)

La exaltación romántica cede ante el auge del realismo

La exaltación de los románticos y su alejamiento de la realidad originaron, a mediados del siglo, una tendencia hacia actitudes más serenas: los literatos limitan las exageraciones verbales, abandonan el intimismo y prefieren el género novelesco, olvidado por ilustrados y románticos, como medio de expresión literaria. La tendencia se inicia con Fernán Caballero, que quiso escribir la crónica de la sociedad andaluza e hizo del costumbrismo el objeto principal de sus novelas, con escasas concesiones a los elementos imaginativos, abriendo así nuevos cauces a la técnica del relato.

Otro gran novelista de la transición al realismo fue Pedro Antonio de Alarcón, autor de novelas de cuidada técnica y agradable lectura.

En la segunda mitad del siglo, los escritores adictos al realismo recogen en sus obras los problemas del momento, se complacen en la descripción del carácter y de la personalidad de los personajes, y la novela conoce un nuevo período áureo:

Juan Valera (1824-1905), gran autor epistolar y crítico literario, supera las modas del momento y trata problemas de todas las épocas con una prosa exquisita. Valera logra su mejor literatura en la descripción de impulsos emocionales. Así sucede, por ejemplo, en novelas como *Pepita Jiménez,* en la que realiza un magnífico estudio del perfil psicológico de un seminarista que tiene que elegir entre su vocación sacerdotal o la atracción que siente por una mujer.

La belleza de esta mujer, tal como hoy se me manifiesta, desaparecerá dentro de breves años: ese cuerpo elegante, esas

Tejedora, *por Planella. La revolución industrial y la inquietud social llegaron también a la pintura.*

formas esbeltas, esa noble cabeza, tan gentilmente erguida sobre los hombros, todo será pasto de gusanos inmundos; pero si la materia ha de transformarse, la forma, el pensamiento artístico, la hermosura misma, ¿quién la destruirá? ¿No está en la mente divina? Percibida y conocida por mí, ¿no vivirá en mi alma vencedora de la vejez y aun de la muerte?

...Yo deseaba y no deseaba a la vez que llegasen los otros. Me complacía y me afligía al mismo tiempo de estar solo con aquella mujer.

(De *Pepita Jiménez,* de Juan Valera.)

Benito Pérez Galdós (1843-1920), uno de los más grandes literatos españoles de todos los tiempos, denuncia la inmoralidad del régimen político de la Restauración y estudia el comportamiento social de los españoles en novelas animadas por un profundo mensaje ético: *Doña Perfecta, Marianela, Fortunata y Jacinta, Nazarín, Misericordia,* etc. Sus *Episodios Nacionales* han gozado siempre de mucha fama. Se trata de una gran epopeya histórica referida al período comprendido entre la batalla de Trafalgar (1805) y la Restauración, en la que mantiene un equilibrio perfecto entre los elementos históricos y los de pura creación literaria.

Iban delante los jefes blandiendo sus sables, como hombres desesperados que han hecho cuestión de honor del morir ante un montón de ladrillos, y en aquella destrucción espantosa que arrancaba a la vida centenares de hombres en un minuto, desaparecían, arrojados por el suelo, el soldado, y el sargento, y el alférez, y el capitán, y el coronel. Era verdaderamente una lucha entre dos pueblos, y mientras los furores del sitio inflamaban los corazones de los nuestros, venían los franceses frenéticos, sedientos de venganza, con toda la saña del hombre ofendido, peor acaso que la del guerrero...

(De *Zaragoza,* de Benito Pérez Galdós.)

El teatro realista no alcanzó la dimensión ni la calidad de la novela, a pesar de la concesión del Premio Nobel de Literatura a José de Echegaray en 1904. Este autor gozó de gran fama en su tiempo. El mejor dramaturgo del realismo, y quizá del siglo, fue Pérez Galdós, que escenificó algunas de sus novelas.

El realismo evoluciona hacia la representación del mundo emocional: el naturalismo

El realismo evoluciona al final del siglo hacia el naturalismo. La literatura española produce un naturalismo en cierto modo heterodoxo, ya que no acepta la fórmula de Zola, sino que pretende llegar a un compromiso que integre la materia y el ideal.

El representante máximo del naturalismo español fue Leopoldo Alas «Clarín» (1852-1901), de ideología liberal, crítico como Galdós de la sociedad de la Restauración. Fue autor de una de las mejores novelas de la literatura española de todas las épocas, *La*

Regenta, espléndido retrato de una ciudad provinciana y, sobre todo, inteligente análisis de la psicología de la protagonista —Ana Ozores—, mujer atormentada por el choque entre sus principios morales y los sentimientos que le inspira el opresivo entorno en que se desarrolla su vida.

> Antes que ella quisiera, Ana sintió sus dedos entre los del enemigo tentador... Debajo de la piel fina del guante, la sensación fue más suave, más corrosiva. Ana la sintió llegar como una corriente fría y vibrante a sus entrañas, más abajo del pecho. Le zumbaron los oídos, el baile se transformó de repente para ella en una fiesta nueva, desconocida, de irresistible belleza, de diabólica seducción. Temió perder el sentido..., y, sin saber cómo, se vio colgada de un brazo de Mesía... Y entre un torbellino de faldas de color y de ropa negra, oyendo a lo lejos la madera constipada de los violines y los chirridos del bronce, que a ella se le antojaban música voluptuosa, pudo comprender que la arrastraban fuera del salón...
>
> (De *La Regenta,* de Leopoldo Alas «Clarín».)

Renacimiento de las culturas regionales: la «Renaixença» y el «Rexurdimento»

La lengua castellana, como indicábamos en el capítulo segundo, se extiende espontáneamente durante el Renacimiento por el ámbito hispánico peninsular. Las lenguas de los antiguos reinos dejan de utilizarse como medio de expresión literaria, función que recobran en el siglo XIX al calor del nacionalismo romántico.

Renaixença es el nombre con que se conoce en catalán al renacer de la lengua y de la cultura autóctonas, movimiento que comenzó con la publicación por Carlos Aribau, en 1833, de la *Oda a la Patria* y culminó con Jacinto Verdaguer (1845-1902), gran épico y lírico, autor de los poemas *La Atlántida* y *Canigó.*

Personalidades notables de la *Renaixença* fueron también Ángel Guimerá, poeta y dramaturgo, y Joan Maragall, ensayista y refinado poeta lírico.

> On te'n vas, Barcelona, esperit catalá
> que has vençut la carena i has saltat ja la tanca
> y te'n vas dret enfora amb tes cases disperses,
> lo mateix que embriagada de tan gran llibertat?
>
> (De *Oda nova a Barcelona,* de Joan Maragall.)

> ¿Dónde vas, Barcelona, espíritu catalán,
> que, vencida la sierra y saltando la cerca,
> hacia afuera caminas con tus casas dispersas
> lo mismo que embriagada por tu gran libertad?
>
> (Traducción.)

El *Rexurdimento,* el renacer de las letras gallegas, se inició con la publicación en 1822 del poema *Alborada,* de Nicomedes Pastor, y fue obra, sobre todo, de Rosalía de Castro, autora de *Follas Novas* y *Cantares gallegos*; de Eduardo Pondal, poeta del pueblo y de las tradiciones; y de Curros Enríquez, espíritu progresista y rebelde.

> —Iréi, mais dame un biquiño
> antes de que de ti me aparte,
> que eses labiños de rosa
> inda non sei cómo saben.
> —Con mil amores cho dera,
> mais teño que confesarme,
> e moita vergonza fora
> ter un pecado tan grande.
> —Pois confésate, Marica,
> que, cando casar nos casen,
> non che han de valer, meniña,
> nin confesores nin frades.
> ¡Adiós, cariña de rosa!
> —¡Raparigo, Dios te garde!

(De Cantares gallegos, de Rosalía de Castro.)

> —Iré, mas dame un besito
> antes que de ti me aparte,
> porque esos labios de rosa
> aún no sé ni cómo saben.
> —Con mil amores lo diera,
> mas tengo que confesarme,
> y mucha vergüenza fuera
> tener pecado tan grande.
> —Pues confiésate, Marica,
> que, cuando casar nos casen,
> no te han de valer, mi niña,
> ni confesores ni frailes.
> ¡Adiós, carita de rosa!
> —¡Rapazuelo, Dios te guarde!

(Traducción.)

También la lengua vasca muestra cierta vitalidad durante el siglo XIX. Se editan varias publicaciones periódicas y se publica poesía de corte tradicional.

> Dama polita zera, polita guztiz, ai!
> Bañan alare zaude oraindikezkon gai;
> ezkon gaitezen biok. Esan zadazu: bai!
> Ni zurekin ezkondu? Ni zurekin? Ja-jai!

(De Ja-jai, de Indalecio Bizcarrondo.)

> Eres hermosa, bellísima criatura;
> no obstante, te hallas aún soltera;
> ¡casémonos los dos! ¡Dime, por Dios, que sí!
> ¿Casarme yo contigo? ¿Yo contigo? ¡Ja-jay!

(Traducción.)

Los krausistas dan un gran impulso a la cultura con la creación de la Institución Libre de Enseñanza

El filósofo alemán Krause ejerció gran influencia sobre Julián Sanz del Río, autor del libro *El ideal de la Humanidad*. Proponía en esta obra la renovación de la sociedad mediante el desarrollo armónico de las relaciones entre todos los seres humanos. Así surgió en España el krausismo, corriente de pensamiento progresista, racionalista y liberal y, al mismo tiempo, actitud de rebeldía frente al conservadurismo. Los krausistas crearon, en 1876, la Institución Libre de Enseñanza, gran centro de educación vanguardista, promotora de grandes empresas culturales, en la que se formarían la mayoría de los intelectuales que darían dimensión internacional a la cultura española de la primera mitad del siglo xx. La Institución heredó el espíritu y los ideales de los ilustrados, de aquellos pensadores que querían hacer del liberalismo un instrumento de civilización y cultura. Defendía también los principios del «Estado de bienestar», de carácter laico.

Pi y Margall, máximo representante del progresismo político

Francisco Pi y Margall (1824-1901), presidente de la I República española, creó uno de los programas políticos más serios de la centuria, si bien los excesos de la revolución cantonalista en que degeneró la República lo hicieron inviable.

Pi y Margall combinó el socialismo y el anarquismo, quiso resolver los problemas de España a través del federalismo y postuló un nuevo orden de valores basado en la libertad y en el imperio de la ley. Su federalismo se apoyaba en el pacto y lo consideraba el único sistema capaz de satisfacer las necesidades comunes a toda la especie humana. Renovó el ideal de la «Unión Ibérica» incluido Portugal, y teorizó sobre los «Estados Unidos de Europa».

> Nosotros, bien lo sabéis, somos republicanos federales; nosotros creemos que la federación es la resolución del problema de la autonomía humana; nosotros creemos que la federación es la paz por hoy de la Península, y más tarde lo será de la Europa entera; pero nosotros entendemos también que es preciso que todos hagamos algún sacrificio de nuestras ideas, sin perjuicio de que mañana vengan las Cortes para resolver cuál debe ser la forma de la República.
>
> (De un discurso de Pi y Margall. Diario de Sesiones de las Cortes, 12 de febrero de 1875.)

Los «regeneracionistas» de finales de siglo

Las dificultades de la sociedad española para adaptarse a las innovaciones del siglo (constitucionalismo, maquinismo, capita-

lismo industrial, etc.); la persistencia de los males tradicionales del
país y el fracaso de las soluciones basadas en la tradición, incitaron
a algunos intelectuales —los «regeneracionistas»— a rechazarla y
a plantear de nuevo el tema de la decadencia de España («Despen-
sa, escuela, y doble llave al sepulcro del Cid», Joaquín Costa). Los
«regeneracionistas» hicieron de conciencia crítica del país. Acabaron con el mito de la fertilidad de sus tierras y de la bondad de su
clima, a la vez que concienciaban a la opinión pública de la
necesidad de aplicar programas reformistas, incluso revolucionarios, para terminar definitivamente con el subdesarrollo.

Para Lucas Mallada, por ejemplo, los principales problemas de
España eran la injusta distribución de la riqueza, el caciquismo, la
inmoralidad pública, las carencias en política agraria, hidráulica y
forestal. Estos problemas habrían de ser remediados mediante
reformas drásticas. Para Joaquín Costa, hacía falta solucionar los
problemas sociales para abordar después los políticos.

En un país como el nuestro, donde, por su grande altura
media, los ríos tienen que verter sus aguas tumultuosamente;

Retrato de Santiago Ramón y Cajal que se conserva en el Ateneo de Madrid. Sus trabajos de histología llevaron a la ciencia española hasta un primer plano mundial. Le fue concedido el Premio Nobel de Medicina en 1906.

Entre las creaciones más originales del arte español de 1900 está la interpretación catalana del modernismo. Gaudí es su figura más genial. La chimeneas de la casa Milá, en Barcelona, parecen formaciones geológicas. Al fondo se observan las torres de la Sagrada Familia.

en un país tan desgraciado como el nuestro, donde los gritos de dolor por las inundaciones ahogan las angustias causadas por las sequías, y donde a los ardores de un sol abrasador suceden las lluvias torrenciales que todo lo arrasan; en un país tan desventurado como el nuestro, donde tantos miles de kilómetros cuadrados yacen totalmente en abandono, abandono de los que en él seguimos habitando, y abandono de los que emigraron, se cuida poco la renovación del arbolado. Los ríos circulan por comarcas completamente descuajadas en largos trechos; manos impías las privaron de su mejor adorno, quedando sus orillas indefensas, sin cesar roídas por las aguas.

(De *Los males de la Patria,* de Lucas Mallada.)

Reconocimiento internacional a la ciencia española

Marcelino Menéndez Pelayo, intelectual conservador, realizó una ingente obra en el campo de la crítica y de la historia literaria. La cultura española no se limitó en aquella época, el «Segundo Siglo de Oro», a la creación puramente literaria y humanística. Alcanzó también a las ciencias experimentales. Jaime Ferrán descubrió la vacuna anticolérica. El matemático e ingeniero Torres Quevedo investigó sobre el automatismo y las máquinas de calcular. Eduardo Torroja trabajó en cuestiones relacionadas con la geometría de la posición. Isaac Peral mejoró el sumergible de Monturiol y, sobre todo, Santiago Ramón y Cajal (1852-1934), médico y biólogo, creó la histología moderna y realizó investigaciones fundamentales en el sistema nervioso, que fueron premiadas con el Nobel de Medicina, en 1906.

El arte de la burguesía. Neomedievalismo y Modernismo

El arte está sometido, fundamentalmente, hasta el siglo XIX, a los gustos de la Iglesia, de la Corona y de los nobles, que pagan y protegen a los artistas. Durante esta centuria dichos sectores sociales son sustituidos por la burguesía, nueva fuerza social dominante, que condiciona la «producción» artística y la convierte en objeto de consumo y, en consecuencia, deja de ser eminentemente religiosa.

Los arquitectos decimonónicos apenas aportaron novedades estilísticas. Se limitaron a continuar la tradición neoclásica, sólo interrumpida por el neomedievalismo de los románticos y por el vanguardismo de los modernistas. Éstos fueron los únicos realmente creadores e imaginativos de toda la centuria: su arte se

La pintura llamada «histórica» tenía una carga declamatoria. El gran mérito de Rosales fue introducir en ella la sinceridad, como puede observarse en este Testamento de Isabel la Católica, *del Casón del Buen Retiro (Museo del Prado).*

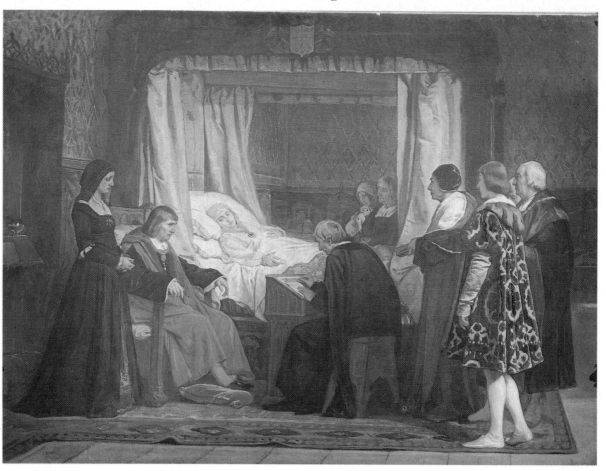

Este cuadro de Esquivel titulado Los poetas contemporáneos *o* Una lectura de Zorrilla en el taller del pintor *tiene, además de sus cualidades plásticas, el mérito de ser un documento histórico excepcional. Las personalidades retratadas son —según el esquema que acompañamos— las siguientes: 1) Ferrer del Río, Antonio; 2) Hartzenbusch, Juan Eugenio; 3) Nicasio Gallego, Juan; 4) Gil y Zárate, Antonio; 5) Rodríguez Rubí, Tomás; 6) Gil y Baus, Isidro; 7) Rosell, Cayetano; 8) Flores, Antonio; 9) Bretón de los Herreros, Manuel; 10) González Elipe, Francisco; 11) Escosura, Patricio de la; 12) Conde de Toreno; 13) Ros de Olano, Antonio; 14) Pacheco, Joaquín Francisco; 15) Roca de Togores, Mariano; 16) Pezuela, Juan de la; 17) Duque de Rivas, Angel Saavedra; 18) Tejado, Gabino; 19) Burgos, Francisco Javier de; 20) Amador de los Ríos, José; 21) Martínez de la Rosa, Francisco; 22) Valladares, Luis; 23) Doncel, Carlos; 24) Zorrilla, José; 25) Güell y Renté, José; 26) Fernández de la Vega, José; 27) Vega, Ventura de la; 28) Oliva, Luis; 29) Esquivel, Antonio M. de; 30) Romea, Julián; 31) Quintana, Manuel José; 32) Espronceda, José; 33) Díaz, José María; 34) Campoamor, Ramón de; 35) Cañete, Manuel; 36) Madrazo, Pedro de; 37) Fernández Guerra, Aureliano; 38) Mesonero Romanos, Ramón de; 39) Nocedal, Cándido; 40) Romero Larrañaga, Gregorio; 41) Duque de Frías; 42) Asquerino, Eusebio; 43) Diana, Manuel Juan; 44) Durán, Agustín.*

prolongó en las primeras décadas del siglo XX y sus innovaciones afectaron a las artes decorativas.

El modernismo arquitectónico tuvo en Antonio Gaudí (1852-1926) su animador más original. Expresionista y neogótico, Gaudí se sirvió de abundante decoración e imitó la naturaleza. Una de sus mejores creaciones fue precisamente el parque Güell de Barcelona, ciudad donde levantó numerosos edificios de movidas y ondulantes fachadas (Casa Milá) y el templo inacabado de la Sagrada Familia, en el que se alían el goticismo y la exuberancia decorativa de inspiración barroca.

Tradición y vanguardismo en las artes plásticas

Los escultores de la primera mitad de la centuria dudaron entre la continuación de la tradición neoclásica, las referencias históricas (la vieja imaginería de madera policromada renace tímidamente en José Piquer) y el subjetivismo y la fantasía románticos. Posteriormente, durante la segunda mitad del siglo, se combinan con el interés de los naturalistas por el entorno y el sentido decorativo de los modernistas. Estos rasgos son especialmente visibles en la abstracción y en la delicada belleza de las figuras femeninas de José Llimona.

Los pintores de principios de siglo, como sucedía con los retratistas de la corte de Fernando VII, se mantuvieron adictos al neoclasicismo, que aún influiría en un número apreciable de románticos, los cuales practicaron un arte adaptado a las exigencias de la burguesía y escasamente comprometido.

Como sus compañeros escultores y literatos, los pintores románticos gustaron del costumbrismo y de los temas históricos. Esquivel se inicia en la pintura de género, si bien su cuadro más famoso, *Reunión de literatos en el estudio del artista,* es ejemplo claro de academicismo. Alenza actualiza el costumbrismo iniciado por Goya, que será continuado por Eugenio Lucas Velázquez. Mariano Fortuny, artista minucioso, de pincelada impresionista, cultivó con frecuencia los temas africanos. *La rendición de Bailén,* de Casado del Alisal; *Fusilamiento de Torrijos y sus compañeros,* de Antonio Gisbert, y numerosos cuadros de Eduardo Rosales son los mejores ejemplos de la pintura de historia.

El romanticismo paisajístico tuvo su cultivador más destacado en Genaro Pérez Villaamil, artista de imaginación desbordada y líricos escenarios.

Los naturalistas, lejos de satisfacer los gustos de la sociedad burguesa, se revolvieron contra los mismos, abandonaron los temas históricos y costumbristas y denunciaron las injusticias de la sociedad capitalista e industrial. Esta tendencia, iniciada por Goya y reactivada por Martí Alsina, evolucionará hacia la representación sin concesiones de los aspectos más negativos de la sociedad de la Restauración («tremendismo»), en la obra de pintores como Darío de Regoyos.

Consagración de la música popular a través de la zarzuela

La música popular española se internacionalizó con el romanticismo e influyó en muchos compositores extranjeros como Ravel, Korsakov, Chabrier, etcétera.

La influencia francesa y la italiana habían contribuido al olvido de la zarzuela, que, a mediados de siglo y al calor del costumbrismo romántico, renace, sin embargo, y adquiere su forma definitiva.

Jugar con fuego, de F. A. Barbieri, inspirada en la tradición popular, inicia el llamado «género grande», composición en tres actos que sería cultivada por numerosos autores: Arrieta (*Marina*); Caballero (*Gigantes y Cabezudos*); Chueca (*Agua, azucarillos y aguardiente*); Chapí (*La Revoltosa*); Bretón (*La Verbena de la Paloma*); Jiménez (*Las bodas de Luis Alonso*), etc.

A finales de siglo se popularizó también el «género chico», zarzuela de un solo acto. La música manifiesta, en general, un especial dinamismo, un verdadero renacimiento, que irá a la par de las otras artes durante el «Segundo Siglo de Oro»: Isaac Albéniz, en quien influye también la tradición popular; Enrique Granados, romántico en *Danzas españolas* y en *Zambra,* y autor de zarzuelas, óperas, poemas sinfónicos, etc.; y Manuel de Falla, gran compositor que estudiaremos en el próximo capítulo.

Los comienzos del cine

La mejor aportación española al comienzo del nuevo arte, del cine, fue la inventiva de Segundo Chomón, quien aplicó por primera vez el color e introdujo importantes mejoras técnicas en los dibujos animados y en los efectos especiales.

CRONOLOGÍA DE ALGUNOS HECHOS IMPORTANTES DURANTE EL SIGLO XIX

— 1805: La Armada española es derrotada por la inglesa en Trafalgar y, en consecuencia, las colonias españolas de América quedan desguarnecidas.

— 1807: Por el Tratado de Fontainebleau, España y Francia proyectan el reparto de Portugal.

— El ejército francés se instala en los puntos más estratégicos de España con el pretexto de ocupar Portugal. Motín de Aranjuez. Abdicaciones de Bayona: Napoleón sustituye a los Borbones por su propia dinastía en el trono de España. El 2 de mayo el pueblo se levanta en armas contra los franceses y comienza la Guerra de la Independencia (1808-1814).

— 1812: Las Cortes de Cádiz promulgan la Constitución liberal que recogía las aspiraciones políticas de la burguesía.

— 1813: Las Cortes de Cádiz suprimen la Inquisición y las Órdenes Militares.

— 1814: Fernando VII regresa del exilio y deroga la Constitución de 1812. Goya, *Fusilamientos de la Moncloa.*

— 1819: Goya, *La última comunión de San José de Calasanz.* Comienza las pinturas negras.

— 1820-1823: Trienio liberal. Rafael Riego, militar liberal que protagonizó el primer pronunciamiento de la historia de España, impidió el embarque de las tropas destinadas a reforzar el dispositivo militar en América y reinstauró las libertades constitucionales.

— 1820: Se suprimen los mayorazgos por la «Ley de desvinculaciones».

— 1823: La reacción absolutista triunfa apoyada por la expedición de los «Cien mil hijos de San Luis», enviados por la Europa reaccionaria, triunfante sobre Napoleón.

— 1810-1824: Se independizan la mayor parte de las colonias hispanoamericanas.

— 1828: Muere Goya.

— 1833: Muere Fernando VII y comienza la primera guerra carlista. Isabel II, reina de España.

— 1834: Se suprime definitivamente la Inquisición, que había sido reinstaurada por Fernando VII. El Estatuto Real da al soberano más poderes que los otorgados por la Constitución de 1812. El Duque de Rivas publica el poema *El Moro Expósito,* que marca el comienzo de la literatura romántica española. Estrena también *La conjuración de Venecia.*

— 1836: Se suprime la Mesta y comienza la desamortización de los bienes eclesiásticos. Un motín militar en La Granja obliga, en 1837, a la promulgación de una nueva Constitución de carácter liberal. Antonio García Gutiérrez estrena *El Trovador.*

— 1840: Espronceda, *El diablo Mundo.*

— 1846: *Los poetas contemporáneos* o *Lectura en el estudio,* de Esquivel.

— 1848: Entra en funcionamiento el ferrocarril entre Barcelona y Martorell, el primero de España.

— 1855: Se ponen en práctica los planes desamortizadores de Madoz.

— 1857: Claudio Moyano, *Ley de Instrucción Pública.*

— 1863: Rosalía de Castro, *Cantares gallegos.*

— 1868: Triunfo de la revolución y expatriación de Isabel II. Sanz del Río, *Lecciones sobre la filosofía analítica de Krause.*

— 1869: Se promulga la Constitución más avanzada y democrática del siglo. Se reconoce el sufragio universal.

— 1871: Amadeo de Saboya, rey de España.

— 1873: Instauración de la Primera República, que proyecta organizar el Estado según el modelo federal, intento que es desbordado por una revolución cantonalista. Pérez Galdós comienza la publicación de los *Episodios Nacionales.*

— 1874: Los Borbones acceden de nuevo al trono de España en la persona de Alfonso XII, hijo de Isabel II.

— 1876: La Constitución doctrinaria proporciona el basamento jurídico al período histórico de la Restauración. Se crea la Institución Libre de Enseñanza.

— 1877: Mosén Jacinto Verdaguer, *La Atlántida,* premiada en los Juegos Florales de Barcelona.

— 1879: Pablo Iglesias funda el Partido Socialista Obrero Español.

— 1881: Se crea la Federación Anarquista. Menéndez Pelayo publica *La Ciencia española* e inicia la *Historia de los heterodoxos españoles.*

— 1882: Comienzan las obras del templo de la Sagrada Familia de Barcelona.

— 1884: Leopoldo Alas, *La Regenta.*

— 1886: Alfonso XIII, rey bajo la regencia de su madre.

— 1887: Pérez Galdós, *Fortunata y Jacinta.*

— 1888: Se funda el sindicato Unión General de Trabajadores (UGT).

— 1897: Ganivet, *Idearium español.*

— 1898: Blasco Ibáñez, *La Barraca.* España pierde los últimos restos de su imperio (Cuba, Filipinas y Puerto Rico) en guerra con los Estados Unidos de América.

BIBLIOGRAFÍA

— B. Bennassar, *Los españoles. Actitudes y mentalidad desde el siglo XVI al siglo XIX,* San Lorenzo de El Escorial, SWAN, 1985.
— M. Tuñón de Lara, *La España del Siglo XIX,* París, 1975.
— J. Fontana, *La quiebra de la Monarquía absoluta. 1814-1820,* Barcelona, Ariel, 1971.
— V. Palacio Atard, *La España del siglo XIX, 1808-1898,* Madrid, Espasa-Calpe, 1981.
— M. Tuñón de Lara, *Medio siglo de cultura española,* Barcelona, Bruguera, 1982.
— M. Artola, *La burguesía revolucionaria (1808-1869),* Madrid, Alianza-Alfaguara, 1973.

7. Violencia y enfrentamiento en el siglo XX. El «Segundo Siglo de Oro»

Una sociedad en crisis: la guerra civil de 1936-39.—El «Segundo Siglo de Oro»: la «Generación del 98».—Los poetas modernistas se inspiran en los posrománticos.—La lírica emotiva de Juan Ramón Jiménez.—Los «novecentistas».—Dos interpretaciones de la historia de España: Américo Castro y Sánchez Albornoz.—Persistencia del interés por la enseñanza y por el problema agrario.—Las vanguardias literarias: la «Generación del 27».—La novela y las vanguardias.—Diversidad de tendencias teatrales.—El «Segundo Siglo de Oro» no sólo se expresó en castellano.—La literatura hispanoamericana se desliga progresivamente de la europea.—Las vanguardias artísticas.—Pablo Ruiz Picasso.—Dos grandes maestros del surrealismo: Joan Miró y Salvador Dalí.—Internacionalización de la música española: Manuel de Falla.—Luis Buñuel introduce las vanguardias en el cine.—Cronología de algunos hechos importantes durante el siglo XX (hasta el final de la guerra civil).—Bibliografía.

Los españoles entran en el siglo XX sin haber resuelto ninguno de los problemas que padecían («los males de la patria») desde los tiempos modernos: injusta distribución de la riqueza; antagonismos sociales; escasa burguesía; analfabetismo (la mitad de la población era analfabeta a principios de siglo); deficiente industrialización (el 70 por 100 de los trabajadores eran campesinos en 1900); creciente intervencionismo de los militares en la política; dirigismo eclesiástico; nacionalismos. El pueblo rompe su aislamiento y exige violentamente el reconocimiento de sus derechos políticos y laborales, mientras una minoría intelectual —krausistas, institucionistas, regeneracionistas y los escritores de la llamada Generación del 98— estudian las causas de los problemas y formulan soluciones.

La neutralidad española durante la primera guerra mundial y el incremento de las exportaciones estimularon la reactivación de la economía, que, como la de todo el mundo occidental, sufrirá el impacto de la crisis de 1929, importante factor negativo que influiría decisivamente en la degradación del ambiente social durante la Segunda República (1931-1939).

A pesar de todo, continúa durante la primera mitad de la centuria el renacimiento cultural que llamamos «Segundo Siglo de Oro». Personalidades como Manuel de Falla, Juan Gris, Picasso, Federico García Lorca, Luis Buñuel, José Ortega y Gasset, entre otras muchas, elevan la cultura española a la categoría de valor internacional.

Una sociedad en crisis: la guerra civil de 1936-39

Los españoles viven hasta los años cuarenta en estado permanente de crisis y de enfrentamiento social. Esta situación era el resultado de la incapacidad del régimen político de la Restauración para encontrar soluciones válidas a los problemas nacionales. Degeneró frecuentemente en violentos estallidos revolucionarios que provocaron, a su vez, la intervención de los militares, quienes, aliados a la oligarquía en el poder (terratenientes y grandes empresarios industriales), impusieron, a pesar de su larga tradición liberal, regímenes dictatoriales entre 1923-1929 y a partir de 1939.

La oligarquía y los militares, que querían recuperar así el prestigio perdido en las últimas guerras coloniales, protagonizaron una extemporánea aventura «imperial» en el norte de Marruecos, que costó miles de vidas y causó graves perjuicios a la economía española.

La Iglesia, legitimadora del orden social y político-tradicional, no había olvidado las desamortizaciones y continuaba desconfiando de las reformas y de los proyectos de desamortización del país. Los ataques de los revolucionarios y el laicismo de los dirigentes de la Segunda República —burgueses intelectuales y liberales, herederos de ilustrados y progresistas— agudizaron su enfrentamiento con ella.

Otro importante factor desestabilizador era el de los nacionalismos regionalistas: al vasco, al catalán y al gallego se añadió el andaluz, que tomó forma definitiva con las formulaciones de su líder más calificado: Blas Infante.

Los Gobiernos centrales nunca comprendieron el problema y respondieron con la represión al ofrecimiento de colaboración de los nacionalistas: especialmente al de los catalanes, que no estaban animados por ideales independentistas.

> Lo que pretendía el nacionalismo burgués catalán no era romper el Estado monárquico, no era la independencia, sino la reforma profunda de ese mismo Estado, su descentralización —sin rechazar la posibilidad del federalismo— y su modernización, dando a la burguesía catalana un papel hegemónico en los grupos gobernantes. Se trataba de superar el caciquismo de la Restauración, en nombre de una economía capitalista moderna, y de superar el centralismo anquilosado, en nombre de una descentralización que redistribuyese el poder político. La burguesía nacionalista de la Lliga no quería la independencia, sino la reforma del Estado; no quería la ruptura, sino el compromiso; no quería la República, sino la apertura de la Monarquía.
>
> (De *Nacionalidades y nacionalismos en España. Autonomías, Federalismos, Autodeterminación,* por Jordi Solé Tura.)

La instauración de la Segunda República en 1931 significó el triunfo de las clases medias, de la pequeña burguesía liberal. Ésta era precisamente la clase social más débil y menos numerosa, que fue desbordada pronto por la violencia callejera, por la anarquía promovida por la gran masa de los desheredados y por la oposición de las fuerzas reaccionarias: oligarquía, Ejército, Iglesia.

La sublevación del general Franco el 18 de julio de 1936, que continuaba la larga serie de «pronunciamientos» habidos anteriormente, inició la guerra civil de 1936-39. El liberalismo y el totalitarismo, así como todas las tensiones acumuladas por los españoles durante siglos, se enfrentaron en ella, presagiando lo que poco después iba a suceder a escala mundial. La guerra civil fue una tragedia, un fracaso histórico para los españoles, cuyas nefastas consecuencias planearían durante decenios sobre sus vidas y sus conciencias.

En España la libertad es antigua y el absolutismo moderno y extranjero. Un pueblo no puede luchar contra lo que constituye la sustancia de su personalidad histórica, que es lo que acontece ahora. Se lucha contra un matiz, pero el matiz lo representan ellos, la sustancia la representamos nosotros. Y fue un escritor monárquico el que dijo que en España la libertad era antigua y el absolutismo moderno y extranjero. Nosotros, en el siglo XVI, tenemos los dos ensayos del totalitarismo: el de la unidad por la fe, iniciada a fines del siglo XV, y el de la unidad por la sangre, intentada por Felipe II durante cincuenta años, y a la postre derrotada y vencida. Pues bien, aquel que quiso unir a España por la fe impuesta y por la Inquisición de la pureza de la sangre —¡meditad este drama!—, la dividió durante siglos, y a causa de esa división se han engendrado tres guerras civiles por la libertad y por la

La generación de 1898 —año de desastres políticos— tomó conciencia de los graves problemas de España. La consecuencia inmediata fue la visión de una «España negra», renegando incluso de algunos valores considerados tradicionales. De esa visión participa, sin acritud alguna, el cuadro de Ignacio Zuloaga, El Cristo de la Sangre. Al fondo, el recinto amurallado de Ávila.

tolerancia, la última de las cuales, y la más trágica, es esta que estamos sufriendo y presenciando.

(Del discurso de Fernando de los Ríos,
embajador de España, en el estadio La Polar
de La Habana, en 1938.)

El «Segundo Siglo de Oro»: la «Generación del 98»

Muy importante fue la aportación de la «Generación del 98» al «Segundo Siglo de Oro». Se trataba de un grupo de literatos y de pensadores que, como tantos otros anteriormente, continuaron la preocupación por la decadencia del país y, en consecuencia, mantuvieron la actualidad del viejo tema de «España como problema», sometieron a revisión los valores consagrados y, en su afán por descubrir la esencia de España, se interesaron vivamente por sus paisajes (entre los que el castellano fue considerado como el más representativo), por su cultura y por su historia. Definieron a esta última como «intrahistoria», por considerarla labor anónima del pueblo, auténtico depositario de los valores más entrañables y garantía de continuidad en el futuro.

...el porvenir de la sociedad española espera dentro de nuestra sociedad histórica, en la intra-historia, en el pueblo desconocido, y no surgirá potente hasta que la despierten vientos o ventarrones del ambiente europeo...

(De *En torno al casticismo*,
de Miguel de Unamuno.)

Todos los miembros de la Generación participaron del mismo pesimismo y de la misma voluntad de denuncia de la realidad social: «España es una deformación grotesca de la civilización europea», radical afirmación de Valle-Inclán, más grito dolorido que convencimiento íntimo. «Tenemos que europeizar a España» (Unamuno), frase que expresaba la necesidad de cambio y apertura y reflejo de aquel pesimismo que originó también, en ocasiones, manifestaciones de signo contrario, como la famosa «¡Que inventan ellos!», también de Unamuno.

Los hombres del 98 compartieron, como grupo literario, muchos rasgos comunes, pero todos ellos poseyeron acusada personalidad. Azorín (Juan Martínez Ruiz) escribió novelas en las que predomina la descripción de personajes y ambientes, analizados con minuciosidad y detalle. Miguel de Unamuno, poeta lírico innovador, fue también autor de novelas —a las que llamó «nivolas»—, de tema psicológico, preferentemente, en las que plantea el dilema entre razón y fe, al mismo tiempo que expresa sus dudas sobre el futuro del hombre. Sus impulsos emocionales le inclinan a creer en la vida del más allá; su razón la rechaza: disyuntiva angustiosa que se manifiesta sobre todo en sus trabajos filosóficos.

El novelista más significado del grupo fue Pío Baroja, autor de novelas de acabada técnica y animada acción, en las que la nota dominante es quizá la agilidad narrativa:

Siguieron los disparos, y una bala, entrando por una rendija de la puerta, dio al general y le dejó gravemente herido.

Alguno que le vio caer avisó a los sublevados, y entonces las turbas entraron en el Ayuntamiento y a bayonetazos y sablazos acabaron con el herido.

En aquel momento, los sublevados huyeron corriendo hacia el puerto.

(De *Aviraneta o la vida de un conspirador,*
de Pío Baroja.)

Ramón María del Valle-Inclán fue una personalidad singular, con un sentido literario de la vida que trascendió a su propia obra. Fue el creador del «esperpento», recurso conseguido mediante la deformación de la realidad, la exageración y la caricatura. Su novela *Tirano Banderas,* sobre el tema del dictador hispanoamericano, es el gran precedente de un género que sería cultivado posteriormente por Miguel Ángel Asturias, Alejo Carpentier y Gabriel García Márquez.

El generalito acababa de llegar con algunos batallones de indios, después de haber fusilado a los insurrectos de Zamalpoa. Inmóvil y taciturno, agaritado de perfil en una remota ventana, atento al relevo de guardias en la campa barcina del convento, parece una calavera con antiparras negras y corbatín de clérigo. En el Perú había hecho la guerra a los españoles, y de aquellas campañas veníale la costumbre de rumiar la coca, por donde en las comisuras de los labios tenía siempre una salivilla de verde veneno...

(De *Tirano Banderas,* de Valle-Inclán.)

El paisaje, al que dio vida; sus preocupaciones metafísicas y los recuerdos de su propia peripecia personal son el substrato de la poesía del gran lírico Antonio Machado, autor de famosas composiciones como *Campos de Castilla* y *Soledades*.

> He andado muchos caminos,
> he abierto muchas veredas;
> he navegado en cien mares
> y atracado en cien riberas.
>
> En todas partes he visto
> caravanas de tristeza,
> soberbios y melancólicos
> borrachos de sombra negra,
>
> y pedantones al paño
> que miran, callan y piensan,
> que saben, porque no beben
> el vino de las tabernas.
>
> Mala gente que camina...
> y va apestando la tierra...
>
> Y en todas partes he visto
> gentes que danzan o juegan
> cuando pueden, y laboran
> sus cuatro palmos de tierra.

(De Soledades, de Antonio Machado.)

Jacinto Benavente fue el dramaturgo de la Generación. Premio Nobel de Literatura en 1922 y autor prolífico, sus obras, de carácter crítico y esmerada técnica, han gozado del favor del público durante decenios.

Los poetas modernistas se inspiran en los posrománticos

Superados el realismo y el naturalismo, los poetas prefieren expresar la belleza pura e ideal, el ritmo y el color. Se sirven para ello, entre otros recursos, de neologismos, de novedades métricas, de adjetivos rebuscados y de metáforas atrevidas. Se inspiran en la poesía intimista y subjetiva de los últimos románticos, de Bécquer y de Rosalía de Castro. El representante más famoso del movimiento fue Rubén Darío, poeta de lírica preciosista y musical que, en el momento del desastre de 1898, proclamó su fe en los valores de España y de su cultura.

> La princesa está triste... ¿Qué tendrá la princesa?
> Los suspiros se escapan de su boca de fresa,
> que ha perdido la risa, que ha perdido el color.
> La princesa está pálida en su silla de oro;
> está mudo el teclado de su clave sonoro,
> y en un vaso, olvidada, se desmaya una flor.

(De Sonatina, de Rubén Darío.)

> Mientras el mundo aliente, mientras la esfera gire,
> mientras la onda cordial aliente un sueño,
> mientras haya una viva pasión, un noble empeño,

un buscado imposible, una imposible hazaña,
una América oculta que hallar, ¡vivirá España!

(De *Cantos de vida y esperanza,*
de Rubén Darío.)

La lírica emotiva de Juan Ramón Jiménez

Juan Ramón Jiménez (1881-1958), poeta modernista en su juventud, se inclina por una lírica más profunda y depurada a partir de la publicación de su *Diario de un poeta reciencasado.* Su sentido lírico y su capacidad para expresar la belleza se manifiestan singularmente en *Platero y yo,* libro en el que emplea una de las prosas poéticas más bellas de la literatura española. En 1956 recibió el Premio Nobel de Literatura.

Platero es pequeño, peludo, suave; tan blando por fuera, que se diría todo de algodón, que no lleva huesos. Sólo los espejos de azabache de sus ojos son duros cual dos escarabajos de cristal negro.
Lo dejo suelto y se va al prado, y acaricia tibiamente con su hocico, rozándolas apenas, las florecillas rosas, celestes y gualdas... Lo llamo dulcemente: «¿Platero?», y viene a mí con un trotecillo alegre que parece que se ríe, en no sé qué cascabeleo ideal...

(De *Platero y yo,*
de Juan Ramón Jiménez.)

Los «novecentistas»

Cuando la «Generación del 98» estaba en su apogeo, se forma un nuevo grupo de prosistas (los «novecentistas»), que se propusieron difundir en España las corrientes culturales y científicas europeas. Lo hicieron a través del magisterio universitario, de artículos periodísticos, de ensayos y conferencias, y por medio de publicaciones de alta calidad, como la *Revista de Occidente,* fundada por Ortega y Gasset en 1923.

José Ortega y Gasset (1883-1955), quizá el pensador español de más proyección internacional en el siglo XX, escribió una extensa obra en la que trata numerosas cuestiones. Sobre el tema de «España como problema» afirma, a partir de posiciones similares a las de la «Generación del 98», que no puede hablarse de decadencia a partir de una época determinada, ya que el país, a causa de la carencia tradicional de minorías rectoras capacitadas (invertebración), ha sido siempre un organismo deficientemente constituido.

Ortega dirime la oposición entre realismo e idealismo con su teoría de que la realidad radical reside en la relación del «Yo» con su circunstancia —«Yo soy yo y mi circunstancia»—, lo que viene a significar que la naturaleza humana no puede realizarse fuera de un contexto espacial y temporal que la condiciona necesariamente.

Con su teoría del «perspectivismo» afirma la validez de todas las concepciones del mundo, ya que cada una de ellas ha tenido

Fotografía de don José Ortega y Gasset tomada en 1931. La actitud del filósofo frente a la Monarquía («Delenda est Monarchia») fue tan clara como la que adoptó frente a la República («¡No es esto, no es esto!») cuando creyó que se había desviado de sus objetivos iniciales.

realidad a lo largo de la Historia, por lo que bastaría yuxtaponerlas para conseguir la verdad.

Ortega analiza el arte de su época, su carácter elitista, su pureza y abandono de lo intrascendente. En el aspecto social tiene un sentido aristocrático de la vida y considera que la pérdida del liderazgo de los mejores y el auge de la demagogia de las masas son la causa fundamental de muchos de los problemas del mundo contemporáneo.

Todas las ciencias particulares surgen dentro y a causa de la perspectiva fundamental y originaria que es el simple hecho de vivir. En éste tienen su origen, su cimiento y su justificación todas ellas; y por lo mismo nos transfieren como a una última instancia a la realidad radical que es nuestra vida —la humana, la cual es siempre, y por lo pronto, la de cada cual—. Y si llamo radical a esta realidad que es mi vida —aplíquelo cada cual a la suya—, no es porque la considere como la única realidad, ni siquiera como la superior, sino simplemente porque es para mí la raíz de todas las demás, las cuales, para serme tales realidades, tienen que aparecer o anunciarse de alguna manera dentro de mi vida.

(De *Una interpretación de la Historia Universal,*
de Ortega y Gasset.)

Entre la larga nómina de novecentistas (Gregorio Marañón, Salvador de Madariaga, etc.), ejerció notable magisterio el pensamiento de Eugenio d'Ors, intelectual que trató preferentemente cuestiones de estética. Su libro *Tres horas en el Museo del Prado* es un magnífico auxiliar para la apreciación de los tesoros artísticos que se conservan allí.

Dos interpretaciones de la historia de España: Américo Castro y Claudio Sánchez Albornoz

Américo Castro y Claudio Sánchez Albornoz, ambos miembros del grupo novecentista y europeísta, han animado el panorama historiográfico español contemporáneo, a través de una controvertida polémica acerca del pasado español.

Para Américo Castro, los españoles aparecen en la Historia como consecuencia de la invasión musulmana y de la convivencia de los tres pueblos, cristianos, musulmanes y judíos, durante los siglos medievales, de manera que, hasta el año 1000, los nombres de «España» y «español» no comienzan a tener su actual significado. La convivencia entre las tres castas se deteriora a finales del siglo XIV, y los cristianos adoptan actitudes de rechazo frente a musulmanes y judíos, así como frente a las tareas que ellos realizan. Esto explica la posterior infravaloración de las actividades mercantiles y de los oficios mecánicos. Los judíos conversos desempeñarán un importante papel social y cultural, y su huella se percibirá en las más grandes creaciones de los españoles, a pesar de la hostilidad de que eran objeto.

La tierra que durante los siete primeros siglos de la era cristiana había estado unida políticamente —como parte del Imperio romano o como monarquía visigótica— aparece ocupada en el siglo XII por quienes se llaman a sí mismos gallegos, portugueses, leoneses, castellanos, navarros, aragoneses y catalanes, pero no españoles; ese nombre les fue dado en el sur de Francia por quienes tuvieron necesidad de designarlos como un conjunto...

(De *La España que aún no conocía,*
de Américo Castro.)

Sánchez Albornoz tiene una visión continuista de la historia de España y cree que su clave radica en multitud de hechos acaecidos a lo largo del tiempo (permanencia de rasgos concretos del carácter español, prolongación del problema religioso, escasa burguesía, deficiente industrialización, etc.). Entre estos hechos destacan los desembarcos de Musa ben Nusayr y de Carlos I, en la Península, y el de Colón en el Nuevo Mundo. El primero inició la presencia islámica en España, que quedaría así durante siglos separada de la trayectoria histórica seguida por los pueblos europeos. El segundo marcó el comienzo de la aventura continental de los españoles en defensa de la unidad espiritual, empresa que agotaría al país. El tercero fortaleció los ideales heroicos en detrimento de valores más pragmáticos y acordes con la nueva mentalidad burguesa.

> La peculiaridad de la Península hispánica consistió en haber constituido el fondo de saco del más viejo mundo y en haber servido por ello de encrucijada de las más variadas razas y civilizaciones hasta la unificación política por Roma de toda la cuenca del mar Mediterráneo. Después, la historia hispánica fue tres veces perturbada por tres desembarcos. Esos tres desembarcos cambiaron las rutas de la gran navegación histórica de los españoles y singularizaron sus destinos frente a los del Occidente europeo...
>
> (De *España, un enigma histórico*, de Claudio Sánchez Albornoz.)

Persistencia del interés por la enseñanza y por el problema agrario

Enseñanza y economía, los dos temas que tanto preocuparon a reformistas y liberales, continúan interesando a los sectores más progresistas de la sociedad española, entre ellos a los «novecentistas», que se habían propuesto como metas la instrucción del pueblo y la elevación del nivel de la Universidad. Así lo hicieron, efectivamente, hasta situarla entre las más dinámicas de las europeas.

El mantenimiento de los arcaicos sistemas de posesión de la tierra hacía que el tema agrario continuara de plena actualidad. En 1930 existían dos millones de aparceros y obreros agrícolas frente a sólo doce mil grandes propietarios. En la provincia de Cádiz, por ejemplo, el 58 por 100 de las propiedades eran latifundios. La República se impuso como tarea prioritaria la reforma agraria y llevó a cabo, en consecuencia, una importante obra legislativa en este sentido. Los resultados prácticos fueron, sin embargo, irrelevantes a causa de la complicada situación política.

La historia social de España se vio enriquecida con interesantes aportaciones: la *Historia de las agitaciones campesinas andaluzas,* publicada por vez primera en 1929, obra de Juan Díaz del Moral, notario y sociólogo formado en el espíritu de la Institución Libre de Enseñanza, y *Los latifundios en España,* libro que vio la luz en 1932 y del que fue autor el ingeniero Pascual Carrión, también relacionado con los institucionistas, quien hizo un estudio exhaustivo de la situación del campo español.

> El problema de los latifundios en España no es una entelequia inventada por unos cuantos descontentos o idealistas, sino una cuestión grave de enorme trascendencia económica y social para nuestra patria. No se trata sólo del hecho de que unos siete mil propietarios posean más de seis

millones de hectáreas en las regiones manchega, extremeña y andaluza, sino también de que disfruten la mayor parte de la riqueza que en ellas se produce, dejando al resto de sus habitantes en situación precaria, y, sobre todo, impidiendo que se intensifique la producción y puedan progresar esas provincias.

(De Los latifundios en España,
de Pascual Carrión.)

Las vanguardias literarias: la «Generación del 27»

En la década de los años veinte, los artistas y los literatos españoles, como los de toda Europa, ensayan nuevas formas de

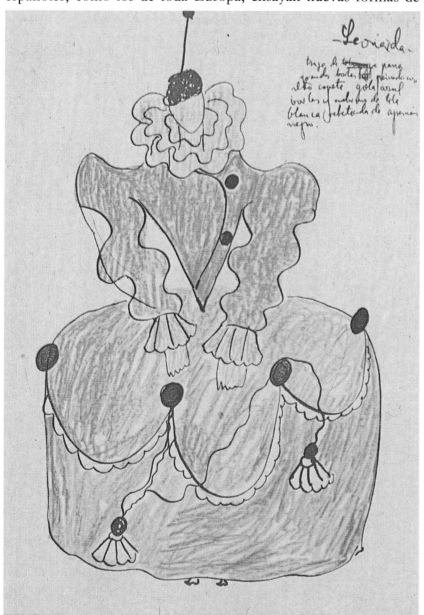

Una faceta sugestiva y poco conocida de Federico García Lorca es la de dibujante. Ofrecemos aquí este bello diseño de figurín para una de sus obras teatrales.

expresión, los «ismos», que reciben los nombres más variados. Un grupo de grandes creadores, los miembros de la llamada «Generación del 27», inician las vanguardias en la literatura española, que se internacionaliza y conoce así una nueva época de esplendor.

Los miembros de la Generación, muchos de los cuales continuarían su labor creadora hasta nuestros días (Aleixandre obtuvo el Premio Nobel de Literatura en 1977), participaron de gustos similares: se sentían atraídos por la belleza formal de la poesía pura; se servían frecuentemente, como los modernistas, de metáforas, y tuvieron especial aprecio por la lírica de Juan Ramón Jiménez y por la poesía de Góngora, cuyo centenario se celebraba aquel año de 1927.

Al poeta campesino Miguel Hernández, figura muy popular y maestro de muchos líricos de la posguerra, se le suele considerar miembro de dicha Generación. Pero su poesía, intimista y atormentada, se singularizó pronto frente al formalismo de la estética de sus compañeros.

> Alegrarás la sombra de mis cejas
> y tu sangre se irá a cada lado
> disputando tu novia y las abejas.
>
> Tu corazón, ya terciopelo ajado,
> llama a un campo de almendras espumosas
> mi avariciosa voz de enamorado.
>
> A las aladas almas de las rosas
> del almendro de nata te requiero,
> que tenemos que hablar de muchas cosas,
> compañero del alma, compañero.

> (De *Elegía,* de Miguel Hernández.)

La poesía de Federico García Lorca, entrañablemente enraizada en lo popular, es también vanguardista y frecuentemente metafórica y simbolista.

> Los caballos negros son.
> Las herraduras son negras.
> Sobre las capas relucen
> manchas de tinta y de cera.
> Tienen, por eso no lloran,
> de plomo las calaveras.
> Con el alma de charol
> vienen por la carretera.
> Jorobados y nocturnos,
> por donde animan ordenan
> silencios de goma oscura
> y miedos de fina arena.
> Pasan, si quieren pasar,
> y ocultan en la cabeza
> una vaga astronomía
> de pistolas inconcretas.

> (Del *Romancero gitano,*
> de Federico García Lorca.)

La mejor poesía de Rafael Alberti es la de carácter popular y tradicional, a pesar del perfeccionismo y de la simbología surrea-

lista de muchas de sus composiciones. Alberti es autor de unas
bellísimas memorias, *La arboleda perdida,* en las que vierte en prosa
la magia de su sublime lírica. Aunque su faceta de dramaturgo es
menos famosa, logra también en este género literario gran originalidad.

Yo, marinero en la ribera mía,
posada sobre un cano y dulce río
que da su brazo a un mar de Andalucía,

sueño en ser almirante de navío,
para partir el lomo de los mares
al sol ardiente y a la luna fría.

¡Oh, los yelos del sur! ¡Oh, las polares
islas del norte! ¡Blanca primavera,
desnuda y yerta sobre los glaciares,

Retrato de Vicente Aleixandre,
Premio Nobel de Literatura. Su
influencia sobre el panorama
poético ha sido constante
desde 1927.

cuerpo de roca y alma de vidriera!
¡Oh, estío tropical, rojo, abrasado,
bajo el plumero azul de la palmera!

(De *Marinero en tierra,*
de Rafael Alberti.)

Vicente Aleixandre, poeta surrealista, concibe el amor como medio para conseguir la identificación de los hombres con el cosmos y acabar así con la angustia que origina la hostilidad del mundo donde intentan realizarse: *Espadas como labios, La destrucción y el amor.* En obras posteriores (*Sombra del paraíso, Poema de la consumación*), el poeta se orienta hacia posturas más equilibradas y nostálgicas.

Dime por qué tu corazón como una selva diminuta
espera bajo tierra los imposibles pájaros
esa canción total que por encima de los ojos
hacen los sueños cuando pasan sin ruido.
¡Oh tú, canción, que a un cuerpo muerto o vivo,
que a un ser hermoso que bajo el suelo duerme,
cantas color de piedra, color de beso o labio,
cantas como si el nácar durmiera o respirara!

(De *Canción a una muchacha muerta,*
de Vicente Aleixandre.)

Gerardo Diego, quizá el que mejor domina la forma y el léxico poéticos entre todos los componentes del grupo, es también el más «variado», tanto por la pluralidad de los temas como por la riqueza de imágenes y la audacia de sus versos libres y de sus innovaciones «creacionistas»: poemas formados por frases cortadas y versos inconexos.

Era ella   Y nadie lo sabía
Pero cuando pasaba
los árboles se arrodillaban
Anidaba en sus ojos
                        el ave maría
y en su cabellera
                        se trenzaban las letanías
Era ella   Era ella
Me desmayé en sus manos
como una hoja muerta
                        sus manos ojivales
                que daban de comer a las estrellas
Por el aire volaban
romanzas sin sonido
                        Y en su almohada de pasos
me quedé dormido.

(*Rosa Mística,* de Gerardo Diego.)

Dámaso Alonso ha publicado la mayor parte de su obra a partir de la guerra civil, entre ella *Hijos de la ira* (1944), uno de los libros más importantes de la literatura española contemporánea, que rompió con la corriente clasicista dominante en aquella época. La poesía de Dámaso Alonso es, sobre todo, una profunda manifestación de rebeldía frente a las miserias de la realidad.

Madrid es una ciudad de más de un millón de cadáveres
(según las últimas estadísticas).

A veces en la noche yo me revuelvo y me incorporo en este
nicho en el que hace 45 años que me pudro,

y paso largas horas oyendo gemir al huracán, o ladrar los perros, o fluir blandamente la luz de la luna.

Y paso largas horas gimiendo como el huracán, ladrando
como un perro enfurecido, fluyendo como la leche de la
ubre caliente de una gran vaca amarilla.

Y paso largas horas preguntándole a Dios, preguntándole
por qué se pudre lentamente mi alma,

por qué se pudren más de un millón de cadáveres en esta
ciudad de Madrid,

por qué mil millones de cadáveres se pudren lentamente en el
mundo.

Dime, ¿qué huerto quieres abonar con nuestra podredum-
bre? ¿Temes que se te sequen los grandes rosales del día,
las tristes azucenas letales de tus noches?

(*Insomnio,* de *Hijos de la ira,*
de Dámaso Alonso.)

Entre los numerosos componentes de la Generación del 27, la
poesía de Jorge Guillén, el autor de *Cántico,* es, en contraste con
la de Dámaso Alonso, un homenaje al Universo y a la vida. Los
versos de Pedro Salinas manifiestan la angustia del hombre contemporáneo y enlaza con la gran poesía amorosa española. Luis
Cernuda es romántico y melancólico. En resumen: este espléndido
grupo logra las más altas cimas en el panorama de la poesía
española del siglo xx.

La novela y las vanguardias

Con los novelistas de la Generación del 98 coexistieron otros
narradores que continuaban la tradición realista y la naturalista.
Estaban también los novecentistas. Entre estos últimos, por ejemplo, Gabriel Miró, en quien prevalece la descripción sobre la
acción y sobre el diálogo; Ramón Pérez de Ayala, de prosa precisa
e intelectual; y Ramón Gómez de la Serna, el más vanguardista del
grupo, lírico y humorista, creador de la «greguería», a la que
definió como «...la flor de todo, lo que queda, lo que vive, lo que
surge entre el descreimiento, la acidez y la corrosión, lo que
resiste más.»

En los hielos lejanos hay un eco de los espejos rotos.
* * *
La lima es el cepillo de dientes de los metales.
* * *
La vajilla es la dentadura del aparador.
* * *
En el fondo de los pozos suenan los discos de la luna.
* * *
¿Oyes ese olor?, me dijo ella en el jardín.
* * *
El disco es la oscilación permanente de la música.
* * *

(*Greguerías,* de Ramón Gómez de la Serna.)

El olvido oficial durante decenios de Manuel Azaña, presidente de la República, no ha podido ocultar la realidad de su gran personalidad literaria. Prueba de ella son, por ejemplo, sus novelas *El jardín de los frailes,* en la que refiere su adolescencia en el internado de El Escorial, y *La velada en Benicarló,* crónica y libro de historia, con prosa elegante e intelectual, donde analiza el enfrentamiento entre los españoles desde la perspectiva del grupo novecentista (liberal, burgués y europeísta) al que perteneció.

> La sociedad española busca, hace más de cien años, un asentamiento firme. No lo encuentra. No sabe construirlo. La expresión política de este desbarajuste se halla en los golpes de Estado, pronunciamientos, dictaduras, guerras civiles, destronamientos y restauraciones de nuestro siglo XIX. La guerra presente, en lo que tiene de conflicto interno español, es una peripecia grandiosa de aquella historia. No será la última. En su corta vida, la República no ha inventado ni suscitado las fuerzas que la destrozan. Durante años, ingentes realidades españolas estaban como sofocadas o retenidas. En todo caso, se aparentaba desconocerlas. La República, al romper una ficción, las ha sacado a la luz. No ha podido ni dominarlas ni atraérselas, y desde el comienzo la han atenazado.
>
> (De *La velada en Benicarló,* de Manuel Azaña.)

Diversidad de tendencias teatrales

Las múltiples orientaciones literarias de la primera mitad del siglo XX se reflejaron también, lógicamente, en la diversidad de estilos y tendencias de la escena española. Predominaban en ella las obras de Benavente, de Valle-Inclán y, sobre todo, de Federico García Lorca, cuyo teatro, en el que combinó vanguardismos y temas populares, ha conseguido éxitos similares a los de su poesía.

MARÍA. Me da tristeza que tengas envidia.

YERMA. No es envidia lo que tengo; es pobreza.

MARÍA. No te quejes.

YERMA. ¡Cómo no me voy a quejar cuando te veo a ti y a las otras mujeres llenas por dentro de flores, y viéndome yo inútil en medio de tanta hermosura!

MARÍA. Pero tienes otras cosas. Si me oyeras, podrías ser feliz.

YERMA. La mujer de campo que no da hijos es inútil como un manojo de espinos, y hasta mala, a pesar de que yo sea de este desecho dejado de la mano de Dios. *(María hace gestos como para tomar al niño.)* Tómalo, contigo está más a gusto. Yo no debo tener manos de madre.

MARÍA. ¿Por qué dices esto?

YERMA. *(Se levanta).* Porque estoy harta. Porque estoy harta de tenerlas y no poderlas usar en cosa propia. Que estoy ofendida, ofendida y rebajada hasta lo último, viendo que los trigos apuntan, que las fuentes no cesan de dar agua y que paren las ovejas cientos de corderos, y las perras, y que parece que todo el

campo puesto de pie me enseña sus crías tiernas,
adormiladas, mientras yo siento los golpes de mar-
tillo aquí, en lugar de la boca de mi niño.

(De *Yerma,* de Federico García Lorca.)

Otros dramaturgos se inclinaron por los temas históricos, por
el costumbrismo andaluz y madrileño, por la comedia cómica y
por el teatro polémico y simbolista.

José Gutiérrez Solana, El fin del mundo. Colección particular, Madrid. La pintura de Solana, como las novelas de Galdós y de Baroja, entroncan con una tradición muy española de no rehuir lo macabro ni lo mísero. La muerte, por ejemplo, llega desde las danzas medievales y los cuadros de Valdés Leal.

El «Segundo Siglo de Oro» no sólo se expresó en castellano

La creación del Institut d'Estudis Catalans, en 1907, dio un
gran impulso a la cultura autóctona, que continuó la línea ascen-
dente iniciada en la Renaixença. Se trataba de un organismo
dedicado a la investigación y estudio del patrimonio cultural
catalán. Bajo sus auspicios nació la Biblioteca de Cataluña y
Pompeu Fabra normalizó la gramática catalana.

En la primera mitad del siglo maduró una generación de
grandes literatos novecentistas y tres grandes personalidades independientes, nacidas las tres en años próximos al cambio de siglo y
cuya obra continúa en plena vigencia: Josep Pla, gran prosista y
narrador de sencillo lenguaje; Salvador Espríu, poeta de la comunicación, prosista preocupado por la muerte, dramaturgo y ensayista, y Mercé Rodoreda, novelista de bella prosa lírica entre el
realismo y la fantasía. Esta última obtuvo importantes premios,
entre ellos el de «Honor de les Lletres Catalanes». Fue autora de

libros que gozan de gran difusión, como *Aloma, La plaza del Diamante, El Carrer de les Camelies,* etcétera.

—Qué mires, Ada Liz?
—Els teus ulls, mariner.
Inútilment ha cercat aquells altres dels quals la vida va separar-la.

España es uno de los países que han hecho más aportaciones sustanciales al arte contemporáneo. Juan Gris, por ejemplo, es la mejor y más fiel figura del cubismo. (Óleo del Museo Nacional de Arte Contemporáneo, Madrid).

—Em fa angúnia que em miris així, Ada Liz. Voldría dormir sense sentir pesar la teva mirada.

—Tens por que trobi els teus secrets?

—Que et quedis, com el mar, aquí...

I, ajagut, Edgar posa la seva mà plana contra el seu pit colrat, en les puntes dels dits, prement-lo, marquen rodones blanques.

(De Semblava de seda, de Mercé Rodoreda.)

—¿Qué miras, Ada Liz?

—Tus ojos, marinero.

Inútilmente ha buscado aquellos otros de los que la separó la vida.

—Me angustia que me mires así, Ada Liz. Quisiera dormir sin sentir el peso de tu mirada.

—¿Temes que descubra tus secretos?

—Que te quedes, como el mar, aquí...

Y, echado, Edgar pone su mano plana contra su pecho tostado, donde las puntas de los dedos, oprimiéndolo, marcan círculos blancos.

(Traducción.)

El renacimiento cultural gallego (el *Rexurdimento*) ha continuado durante el siglo xx en poetas que han hecho del paisaje, de las costumbres y de las tradiciones regionales el tema principal de sus versos. Lo mismo ocurre con prosistas como Alfonso R. Castelao, literato, humorista, pintor, dibujante, caricaturista, que orientó su obra al servicio de Galicia y de una España democrática: «Yo no soy más que un artista que ha puesto su arte al servicio de una bella causa: la de despertar el alma de Galicia.»

Antonte leváronlle o viático ô vello e onte morreu. A compañeira dos seus días visteuno, afeitouno e púxolle as mans en cruz.

Hoxe entraron catro homes e sacaron a caixa longa onde vai a morto. A vella saíu â porta da casa e co-a voz amorosa dos días de mocedade despideuse do seu compañeiro:

¡Deica logo, Eleuteiro!

(De Cousas, de Alfonso R. Castelao.)

Anteayer le llevaron el viático al viejo, y ayer murió. La compañera de sus días lo vistió, lo afeitó y le puso las manos en cruz.

Hoy entraron cuatro hombres y sacaron la caja larga donde va el muerto. La vieja salió a la puerta de la casa, y con la voz amorosa de los días de mocedad se despidió de su compañero:

¡Hasta luego, Eleuterio!

(Traducción.)

La literatura hispanoamericana se desliga progresivamente de la europea

Algunos escritores hispanoamericanos se inspiran, a finales del siglo xix, en temas locales e intentan crear una «literatura nacional». Éste es el caso de José Hernández, autor del extenso poema *Martín Fierro,* dedicado al mundo de la Pampa argentina. Son sensibles, al mismo tiempo, a las influencias europeas y al modernismo, que será abandonado en las primeras décadas del siglo xx por una poesía más conectada con la realidad nacional y de lenguaje más sobrio, como, por ejemplo, la del vanguardista César Vallejo y la del hiperrealista Pablo Neruda.

Durante la primera mitad del siglo xx se forma una sólida tradición narrativa, originada en el romanticismo y en el naturalismo, en la que se manifiestan ya algunos rasgos de la futura novela del llamado «boom» hispanoamericano: vehemencia verbal y realismo social. En este sentido fue decisiva la gran novela indigenista *El mundo es ancho y ajeno,* de Ciro Alegría, gran epopeya sobre la resistencia del indio a la explotación del criollo, «el libro más vital que se ha escrito en América», según palabras de Gabriela Mistral.

Aquí en el Perú, por ejemplo, a todo el que no escribe cuentos o novelitas más o menos pintorescas, sino que muestra el drama del hombre en toda su fuerza y haciendo gravitar sobre él todos los conflictos que se le plantean, se le llama antiperuano y disociador. ¡Oh, está desprestigiando y agitando el país! Como si todo el mundo no supiera que en este nuestro Perú hay cinco millones de indios que viven bajo la miseria y la explotación más espantosa. Lo que importa es

Uno de los pintores más puramente impresionistas fue el madrileño Aureliano de Beruete. Así se aprecia en este Manzanares *del Casón del Buen Retiro (Museo del Prado).*

que nosotros mismos nos convenzamos de que el problema
existe y lo afrontemos en toda su realidad. De tanto querer
engañar a los demás, estamos engañándonos a nosotros mismos... Además, el indio, a pesar de todo, conserva todavía
sus facultades artísticas e intelectuales. Eso prueba su vitalidad. Yo haré por mi parte, aunque me llamen lo que quieran,
me persigan y me creen todas las dificultades de estilo. Ya
verás...

(De *El mundo es ancho y ajeno,* de Ciro Alegría.)

Las vanguardias artísticas

El modernismo, la inspiración en la tradición regional y el
monumentalismo caracterizan a la arquitectura que se levanta en
España desde principios de siglo hasta los años veinte. Luego, el
afán innovador que animaba a artistas y literatos originó la aplicación de principios racionales, acordes con las necesidades sociales,
la utilización de nuevos materiales de construcción y el trabajo en
equipo. La nueva concepción de la arquitectura fue consagrada
por el GATEPAC (Grupo de Artistas y Técnicos Españoles para
el Progreso de la Arquitectura Contemporánea), del que salieron
proyectos tan singulares como la urbanización de la Diagonal de
Barcelona y el de la Ciudad Universitaria de Madrid.

El decorativismo e idealismo modernista persisten durante los
primeros años del siglo xx entre algunos maestros catalanes, como
Josep Llimona, escultor de serenos desnudos femeninos, con los
que se relacionan las figuras clasicistas del también catalán Josep
Clará. El realismo renace en Castilla con Victorio Macho, autor de
colosales y musculadas figuras. Ambas tendencias, clasicismo
catalán y realismo castellano, acabarían ante el auge de las nuevas
orientaciones artísticas de los años veinte. Manuel Martínez Hu-
gué, «Manolo», inicia la renovación que será acelerada por los
cubistas, entre los que fueron pioneros Pablo Picasso, que experi-
mentó con barro, mimbre, papel, etc., y, sobre todo, Pablo Garga-
llo, que realizó en metal bellos contrastes de luces y combinaciones de formas cóncavas y convexas. Julio González se especializó
en las técnicas de la soldadura autógena, del repujado y de la
forja, y practicó el expresionismo, evitando a veces la representación fiel de la realidad (arte abstracto) o sugiriéndola a veces (arte
figurativo).

El impresionismo, a pesar de que no gozó de mucha aceptación entre los artistas españoles, tendrá cultivadores de excepción,
como Aureliano de Beruete y algunos pintores de formación
modernista como Santiago Rusiñol —paisajista y pintor de jardines que inspiran a músicos y a poetas— y Ramón Casas, una de las
personalidades mayores del modernismo internacional, cuyos cuadros combinan la perfección técnica con la emoción estética y el
interés testimonial de la temática social que reflejan muchas veces.

Los cubistas fueron también introductores de la vanguardia en
la pintura. Juan Gris, seudónimo del madrileño Victoriano González, crearía originales combinaciones de planos y volúmenes, de

luces y colores, en las que, a pesar de su novedad, se advierte el recuerdo de los grandes maestros barrocos españoles.

El expresionismo gozó de gran difusión en España: Isidro Nonell, crítico y pintor del mundo suburbial barcelonés; Ignacio Zuloaga, autor de sobrios paisajes castellanos y de recias figuras; José Gutiérrez Solana, que se centró en transmitir la vida interior de los personajes prescindiendo de efectismos coloristas.

José María Sert, autor de una obra ingente dentro y fuera de España, fue un artista individual, un excelente dibujante y un decorador espectacular. Entre sus obras se cuenta la decoración de la catedral de Vic (Barcelona), del edificio Rockefeller de Nueva York y del Salón del Consejo de la Sociedad de Naciones de Ginebra.

Pablo Ruiz Picasso

Artista español y universal, de abundante y variada obra, el malagueño Pablo Ruiz Picasso (1881-1973) se desentendió desde muy joven de todo influjo externo. Se inició en las vanguardias

mediante la representación de melancólicas figuras envueltas en una atmósfera de tonos azules (período azul), que pronto sustituiría por los rosas (período rosa). Durante ambas etapas permanece fiel al clasicismo, pero, a partir de 1906, se siente atraído por el arte negro (período negro) y por los volúmenes geométricos de Cézanne. Pinta entonces *Las señoritas de Aviñón,* cuadro pionero del cubismo, que representa a un grupo de prostitutas de la calle Aviñón de Barcelona, en el que descompone las figuras en formas geométricas. Ensaya después varias tendencias hasta la adopción del expresionismo, etapa en la que distorsiona las figuras, y culmina con el famoso *Guernica,* al que imprime, además, un hondo dramatismo (Casón del Buen Retiro, Museo del Prado, Madrid).

Joan Miró y Salvador Dalí parten de un surrealismo que tomará pronto características absolutamente personales. Aquí vemos (izq.) La Masovera, de Miró, pintada entre 1922-1923 (colección particular). A la derecha, Muchacha de espaldas, de Dalí (Museo Nacional de Arte Contemporáneo, Madrid).

Dos grandes maestros del surrealismo: Joan Miró y Salvador Dalí

El surrealismo, estilo que refleja las manifestaciones del inconsciente, sin las trabas de la razón, triunfa plenamente en Joan Miró, cuya pintura es espléndido resultado de los hallazgos de su fantasía, y en Salvador Dalí, artista de formación académica, original inspiración y grandes cualidades técnicas. En opinión de Aguilera Cerni, Dalí «es la razón aplicada a lo irracional, la proporción áurea del irracionalismo». El museo creado por él en Figueras (Gerona) es, más que un museo en sentido tradicional, una experiencia onírica. Entre las obras más conocidas de Dalí se encuentra el *Cristo de San Juan de la Cruz* y la *Madonna de Port Lligat.*

Manuel de Falla, *por Daniel Vázquez Díaz (Real Conservatorio, Madrid). El gaditano Manuel de Falla supo llevar la música española al repertorio universal.*

Internacionalización de la música española: Manuel de Falla

El gaditano Manuel de Falla (1876-1946) fue la gran personalidad del «Segundo Siglo de Oro» en el campo de la música. Su gran mérito consistió en haber dado dimensión internacional a la música española tras haber elevado la tradicional y popular a la categoría de culta. Falla ejerció profundo magisterio entre los jóvenes compositores españoles y creó una gran obra que comprende todos los géneros: *El amor brujo, Noches en los jardines de España, La Atlántida,* etcétera.

Joaquín Turina y Joaquín Nin se interesaron también, como otros grandes compositores de la época, por las formas tradicionales, inspirándose frecuentemente en ellas.

La zarzuela continuó el auge iniciado en el siglo anterior, y numerosos creadores se especializaron en ella: A. Vives (*Maruxa* y *Doña Francisquita*); José Serrano (*La reina mora*); F. Alonso (*Las corsarias*); F. Torroba (*Luisa Fernanda*), etcétera.

Luis Buñuel introduce las vanguardias en el cine

El cine español se convierte durante las primeras décadas del siglo en un medio de expresión de alto valor artístico. Se aprovechan en él con frecuencia los temas que brindan la literatura y la zarzuela.

En 1928 se produce un hecho de gran importancia: Luis Buñuel y Salvador Dalí ruedan *Un chien andalou,* película surrealista en la que se advierte la influencia del psicoanálisis, que tanto atraía a los vanguardistas de los años veinte. Luis Buñuel (1900-1983) se consagra a partir de entonces como el realizador español más dinámico e innovador del cine internacional. Su obra servirá de guía y orientación durante décadas.

El cine sonoro se extiende a principios de los años treinta. Luis Buñuel rueda *Las Hurdes.* Se distinguen también la labor de Florián Rey con películas de tipo costumbrista (*Nobleza baturra* y *Morena Clara*), y la de Benito Perojo, que tras la guerra civil haría una versión cinematográfica de *Marianela,* novela de Pérez Galdós.

CRONOLOGÍA DE ALGUNOS HECHOS IMPORTANTES DURANTE EL SIGLO XX (HASTA EL FINAL DE LA GUERRA CIVIL)

— 1899: Ramón y Cajal, *Textura del sistema nervioso del hombre y los vertebrados.*

— 1902: Alfonso XIII, rey de España. Valle-Inclán, *Sonata de otoño.*

— 1904: El dramaturgo José de Echegaray recibe el Premio Nobel de Literatura.

— 1905: Unamuno, *Vida de Don Quijote y Sancho.* Falla, *La vida breve.*

— 1906: Santiago Ramón y Cajal recibe el Premio Nobel de Medicina.

— 1907: Picasso, *Las señoritas de Aviñón.*

— 1908: Se regula el derecho a la huelga.

— 1909: Levantamiento popular en Barcelona como protesta por el embarque de tropas con destino a Marruecos: «Semana Trágica». El Ejército sufre en Marruecos el «Desastre del Barranco del Lobo». Azorín, *España.*

— 1910: Se funda la Escuela Nueva, centro de estudios socialista inspirado en el modelo de la Institución Libre de Enseñanza.

— 1911: Se crea la Confederación Nacional del Trabajo, de carácter anarcosindicalista, doctrina que entusiasmará a las masas obreras de la Barcelona republicana y a muchos campesinos andaluces. Baroja, *Las inquietudes de Shanti-Andía.*

— 1912: Antonio Machado, *Campos de Castilla.*

— 1913: Unamuno, *El sentimiento trágico de la vida.* Benavente, *La Malquerida.*

— 1914: Manuel de Falla, *La vida breve* (estreno).

— 1915: Blas Infante, *Ideal andaluz*. Falla, *El amor brujo*.

— 1916: Falla, *Noches en los jardines de España*.

— 1917: Huelga general. Comienza un largo período de crisis políticas y los principales dirigentes socialistas son encarcelados. Juan Ramón Jiménez publica *Platero y yo*.

— 1921: Una minoría que se adhiere a la III Internacional se separa del PSOE y funda el Partido Comunista de España. El Ejército sufre una nueva derrota en Marruecos: el «Desastre del Annual». Ortega y Gasset, *España invertebrada*.

— 1922: Se concede el Premio Nobel de Literatura al dramaturgo Jacinto Benavente. Falla, *El sombrero de tres picos*. Joan Miró, *La Granja*.

— 1923: Falla, *El retablo de Maese Pedro*.

— 1923-1929: Dictadura del general Primo de Rivera: acabó con el paro mediante una política eficaz de inversiones públicas, pero no supo ganarse el apoyo de la mayoría campesina ni el de los intelectuales, que rechazaban su militarismo. Cuando la crisis económica mundial impidió mantener el alto nivel de ocupación alcanzado, el régimen se hundió.

— 1924: Autogiro de La Cierva.

— 1925: Desembarco de Alhucemas: comienza la pacificación del protectorado español en Marruecos. Alberti, *Marinero en tierra*.

— 1926: El avión «Plus Ultra» vuela entre España y Buenos Aires.

— 1928: García Lorca publica el *Romancero gitano*. Jorge Guillén, *Cántico*. Buñuel, *Le chien andalou*.

— 1929: Ortega y Gasset, *La rebelión de las masas*.

— 1931: Proclamación de la República. Proclamación de la nueva Constitución que reconocía la soberanía popular, la separación de poderes, la aconfesionalidad del Estado, las autonomías regionales y la posibilidad de socialización por utilidad pública; garantizaba los derechos individuales y definía a España como una «República de trabajadores», «quizás más por un exceso verbal que por propósito político» (Sánchez Agesta).

— 1932: Unamuno, *La agonía del cristianismo*.

— 1936: El 18 de julio, alzamiento del general Franco y comienzo de la guerra civil.

— 1937: Picasso, *Guernica*.

BIBLIOGRAFÍA

— R. Tamames, *La República. La era de Franco,* Madrid, Alianza-Alfaguara, 1976.
— P. Preston, *La destrucción de la democracia en España,* Madrid, Turner, 1978.
— P. Vilar, *La guerra civil española,* Barcelona, Crítica, 1986.

8. Totalitarismo y democracia. La cultura contemporánea

La sociedad española se transforma.— Una solución nueva (el Estado de las Autonomías) para un viejo problema (el de los nacionalismos).—Actitudes de los españoles frente a los poderes tradicionales.—La cultura contemporánea.—La poesía, en búsqueda constante de nuevas formas de expresión.— «Tremendismo» y «realismo social» en la novela.—La renovación de la narrativa durante los años sesenta.—Experimentalismo y renacimiento de las técnicas novelísticas tradicionales.—Los dramaturgos manifiestan las mismas inquietudes que los poetas y los novelistas.—Literaturas catalana, gallega y vasca.—Literatura latinoamericana.—El «boom» latinoamericano.—Literatura chicana.—Literatura ecuatoguineana.—Pensamiento y filosofía.—El humor gráfico, tebeos y «cómics».—Renovación constante de las tendencias artísticas.— Tradición y vanguardismo musical.—Los cantautores y la renovación de la música popular.—La situación sociopolítica se manifiesta en el cine.—Cronología de algunos hechos importantes desde la guerra civil.—Bibliografía.—Bibliografía general para todos los capítulos.

Francisco Franco Bahamonde fue nombrado jefe de Estado a comienzos de la guerra civil. Abolió inmediatamente las garantías constitucionales y estableció un régimen totalitario. Se apoyaba ideológicamente en el nacionalismo de José Antonio Primo de Rivera, fundador de un movimiento paramilitar de carácter patriótico —Falange Española—, que fue proclamado partido único en 1937.

El general Franco decretó varias «leyes fundamentales» que suplieron la inexistencia de una verdadera Constitución (democracia orgánica). Se mantuvo neutral durante la Segunda Guerra

Proclamación de don Juan Carlos I como rey de España.

Mundial. Por los años cincuenta consiguió el reconocimiento internacional tras la firma de acuerdos con los Estados Unidos de América, a quienes permitió instalar bases militares en territorio español a cambio de ayuda económica y de material bélico.

El día 22 de noviembre de 1975, tras la muerte de Franco, fue proclamado rey de España don Juan Carlos de Borbón. El rey desempeñará un papel de primer orden en el proceso de recuperación de las libertades por el pueblo español, cuyos representantes legales en las Cortes aprobaron la nueva Constitución democrática el día 31 de octubre de 1978.

La sociedad española ha transformado profundamente sus estructuras a partir de la guerra civil, y, a pesar de las crisis de 1973, con otros factores negativos, ha logrado situarse entre las más desarrolladas del mundo.

La cultura sufrió el trauma de la guerra civil, pero el pueblo supo mantener en vigor las potencialidades de su genio creador, que fructificó incluso en el exilio y bajo la censura y el dirigismo estatales.

La sociedad española se transforma

A finales de los años cincuenta, el general Franco dio entrada en sus gobiernos a tecnócratas ligados al Opus Dei (instituto religioso para seglares). Ellos organizaron el despliegue económico, que se vio favorecido, en gran medida, por la entrada masiva de divisas procedentes del turismo y de las remesas de los emigrantes. Este equipo logró industrializar el país, de manera que el nivel de vida aumentó considerablemente y, por primera vez en la historia de España, se formó una amplia clase media, similar a la europea, laboriosa, consumista, moderada en sus convicciones políticas, que será la protagonista del futuro cambio democrático tras la desaparición del régimen franquista.

De la misma manera que la crisis mundial de 1929 influyó negativamente en el orden social y en la estabilidad de la Segunda República, la iniciada en 1973 coincidiría también con el restablecimiento de las libertades democráticas. Muchos españoles perdían sus puestos de trabajo al mismo tiempo que se les reconocían los derechos políticos y sindicales. El sistema político ha conseguido afianzarse, sin embargo, y actualmente, a pesar de la pervivencia de bolsas de subdesarrollo, los españoles son una sociedad industrial avanzada en la que muy pocos optarían por el cambio violento del sistema y en la que la mayoría ha olvidado los rencores de la guerra civil. Sus posturas son hoy más serenas, y el aburguesamiento afecta a todos los niveles y estamentos, incluidos los obreros y asalariados.

Una solución nueva (el Estado de las Autonomías) para un viejo problema (el de los nacionalismos)

El Estado centralista y monolítico, que se impuso en España desde principios del siglo XVIII, se ha transformado en muy pocos

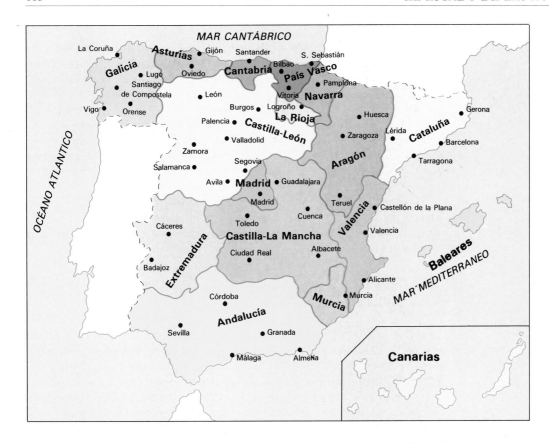

años, por aplicación de los mandatos constitucionales, en el plural Estado de las Autonomías. Los gobiernos autónomos son complementarios, no rivales del central. Las comunidades autónomas representan un sistema próximo al federalismo, en el que se quieren realizar las viejas aspiraciones al autogobierno de las nacionalidades hispánicas, a cuyo origen e historia nos hemos referido en los capítulos precedentes.

El proceso hacia la consolidación del Estado autonómico se ve ensombrecido frecuentemente por la violencia de grupos terroristas como el catalán «Terra Lliure» y, sobre todo, el vasco «ETA». Nació este último, a mediados de los años cincuenta, de entre un grupo de jóvenes nacionalistas. Contaron al principio con el apoyo de sectores de la izquierda y de sectores progresistas, hasta que evolucionaron hacia el terrorismo. Sus ataques, a medida que se avanzaba hacia la democracia, se han ido dirigiendo especialmente contra las Fuerzas Armadas, como si pretendieran provocar la represión que justificaría, a su vez, sus propias acciones.

> 1. En el ejercicio del derecho a la autonomía reconocido en el artículo dos de la Constitución, las provincias limítrofes con características históricas, culturales y económicas comunes, los territorios insulares y las provincias con entidad regional histórica podrán acceder a su autogobierno y constituirse en Comunidades Autónomas con arreglo a lo previsto en este Título y en los respectivos Estatutos.
>
> (Del Artículo 143 del Título VIII de la Constitución.)

Consecuencia directa de la instauración del Estado de Derecho ha sido el reconocimiento jurídico de la pluralidad lingüística de España, parte esencial de su patrimonio cultural, y la asunción por parte del Estado de la obligación moral de protegerla.

> 1. El castellano es la lengua oficial del Estado. Todos los españoles tienen el deber de conocerla y el derecho de usarla.
> 2. Las demás lenguas españolas serán también oficiales en las respectivas Comunidades Autónomas de acuerdo con sus Estatutos.
> 3. La riqueza de las distintas modalidades lingüísticas de España es un patrimonio cultural que será objeto de especial protección y respeto.
>
> (Artículo 3 de la Constitución.)

Actitudes de los españoles frente a los poderes tradicionales

La tradicional separación entre la clase política y el pueblo (entre la España oficial y la real), que tantas veces se manifestara desde principios del siglo XIX, se mantuvo durante la II República. La frase «República sin republicanos», aunque tópica, reflejaba la contradicción interna de aquel sistema político en el que los líderes y dirigentes, miembros en su mayoría de la pequeña burguesía intelectual, no eran representativos de la realidad social del país. Esta separación aumentó con el franquismo, que habituó al pueblo a desentenderse de los asuntos políticos y descalificó durante décadas a los regímenes representativos. Con estos antecedentes no es extraño que persista actualmente entre los españoles cierto sentimiento de desconfianza hacia el más importante de los poderes tradicionales, hacia el Estado y hacia la Administración, lo que explicaría el escaso número de afiliados a los partidos políticos.

Otro de los grandes poderes tradicionales, la Iglesia, ha perdido gran parte de su ascendencia. Las actitudes maximalistas en pro o en contra de la misma son realmente raras. El Estado es aconfesional, y la libertad de conciencia es un derecho reconocido en la Constitución. El problema religioso es, pues, un recuerdo histórico. Ciertos sectores de católicos y del clero se resisten, sin embargo, a perder el papel relevante que han desempeñado, y no admiten de buen grado el laicismo que se ha apoderado de la sociedad española. Así lo puso de manifiesto el hecho de que algunos obispos aconsejaran, durante la campaña electoral de junio de 1986, no votar al PSOE por considerarlo responsable de la descristianización de España.

> 1. Se garantiza la libertad ideológica, religiosa y de culto de los individuos y las comunidades, sin más limitación en sus manifestaciones que las necesarias para el mantenimiento del orden público protegido por la ley.
> 2. Nadie podrá ser obligado a declarar sobre su ideología, religión o creencias.

3. Ninguna confesión tendrá carácter estatal. Los poderes públicos tendrán en cuenta las creencias religiosas de la sociedad española y mantendrán las consiguientes relaciones de cooperación con la Iglesia Católica y las demás confesiones.

(Artículo 16 de la Constitución.)

El Ejército ha perdido su autonomía frente al Poder Ejecutivo y ha dejado de ser, sobre todo, «vigilante del orden interno», para convertirse en garante de la soberanía e independencia del país y en defensor del ordenamiento constitucional.

1. Las Fuerzas Armadas, constituidas por el Ejército de Tierra, la Armada y el Ejército del Aire, tienen como misión garantizar la soberanía e independencia de España, defender su integridad territorial y el ordenamiento constitucional.

(Artículo 8 del Título Preliminar
de la Constitución.)

La cultura contemporánea

El desenlace de la guerra civil aisló a la cultura española del exterior y condenó al exilio a numerosos intelectuales, científicos y artistas. Los disidentes que no abandonaron el país tuvieron que imponerse un rígido autocontrol («exilio interior») para no chocar con el dirigismo y la censura estatales. Fue posible, sin embargo, contactar con las vanguardias internacionales a través de publicaciones independientes como *Índice, Cuadernos para el Diálogo* y *Revista de Occidente,* entre otras.

La instauración de la democracia significó la libertad para la cultura y el aumento de la oferta y la demanda culturales, así como la aportación de nuevos órganos de prensa de gran calidad. Sin embargo, el número de lectores descendió vertiginosamente, a causa quizá de la crisis económica, y muchas publicaciones periódicas desaparecieron: *El País,* uno de los diarios más importantes, tenía a mediados de la década de los ochenta una tirada de sólo 350.000 ejemplares, cifra realmente baja en relación con el número de lectores potenciales.

En el campo de la actividad editorial se ha producido en los últimos años un notable incremento en el número de títulos publicados. Sólo cuatro países superan a España: la URSS, Estados Unidos de América, Inglaterra y la República Democrática Alemana; pero las tiradas son muy bajas, de acuerdo con las necesidades del mercado.

Un capítulo importante en el panorama de la cultura española contemporánea es que se ha cumplido el viejo sueño de los ilustrados: la escolarización plena, gratuita y obligatoria de los niños españoles. La mitad de los jóvenes siguen estudios medios. El número de titulados superiores no es alto, sin embargo, al contrario de lo que se cree generalmente. España ocupa el séptimo lugar entre los países de la Europa occidental por el número de universitarios.

La poesía, en búsqueda constante de nuevas formas de expresión

El clasicismo inspirado en Garcilaso de la Vega singularizó a grupos de poetas de la preguerra y de la posguerra. Luis Rosales, Luis Felipe Vivanco y Leopoldo Panero representaron la línea más intimista de entre ellos.

La publicación de *Hijos de la ira,* de Dámaso Alonso (1944), acabó, como indicábamos en el capítulo anterior, con la moda garcilasista y originó lo que el mismo autor llamó «poesía desarraigada», que prescindía de lo superfluo, se preocupaba por los temas sociales y quería reencontrar al hombre. Surge ahora un nuevo grupo de líricos importantes: José María Valverde es poeta de «religiosidad introspectiva, casi solitaria»; Vicente Gaos es maestro del verso libre; José Hierro es testimonial y colorista; Blas de Otero, esencialmente original y desgarrado, expresa su profunda preocupación por la paz, la libertad, la justicia y la solidaridad entre los hombres:

> Arrebatadamente te persigo.
> Arrebatadamente, desgarrando
> mi soledad mortal, te voy llamando
> a golpes de silencio. Ven, te digo
> como un muerto furioso. Ven. Conmigo
> has de morir. Contigo estoy creando
> mi eternidad. (De qué. De quién.) De cuando
> arrebatadamente esté contigo.
>
> Y sigo muerto en pie. Pero te llamo
> a golpes de agonía. Ven. No quieres.
> Y sigo, muerto, en pie. Pero te amo
>
> a besos de ansiedad y de agonía.
> No quieres. Tú, que vives. Tú, que hieres
> arrebatadamente el ansia mía.

(*Tú, que hieres,*
de Blas de Otero.)

Entre los poetas del exilio, León Felipe fue ejemplo de autor comprometido y Juan Gil-Albert se orientó hacia la poesía de fondo social.

A comienzos de los años cincuenta, los escritores empiezan a preocuparse por los problemas del país: denuncian las injusticias sociales y nacen, en consecuencia, el realismo crítico y testimonial y la poesía social. Los poetas (Celaya, Otero, etc.) quieren transformar la realidad y hacerse escuchar por la mayoría. Emplean para ello un lenguaje sencillo, coloquial. La moda social pasa pronto, y de nuevo, por los años sesenta, renace el intimismo. Reaparece en los miembros de un grupo magnífico, la llamada «Generación de los años 50» (Angel González, Carlos Barral, José Manuel Caballero Bonald, J. Gil de Biedma, etc.), que, como la del 27, protagoniza otro de los grandes momentos de la lírica española. El nuevo grupo busca, sobre todo, la expresión de la belleza, cuida la perfección formal y participa de cierto humanismo existencialista, al mismo tiempo que de una elegante sensualidad.

Unas palabras son inútiles y otras
acabarán por serlo, mientras
elijo para amarte más metódicamente
aquellas zonas de tu cuerpo aisladas
por algún obstinado depósito
de abulia, los recodos
quizá donde mejor se expande
ese rastro de tedio
que circula de pronto por tu vientre,
y allí pongo mi boca
y hasta la intempestiva cama acuden
las sombras venideras, se interponen
entre nosotros, dejan
un barrunto de fiebre y como un vaho
de exudación de sueño
y otras cavernas vespertinas,
. . . .

(De *Suplantaciones,*
de J. M. Caballero Bonald.)

Los poetas inmediatamente posteriores a la «Generación de los 50» continúan la línea intimista, quieren conectar con las vanguardias de la preguerra y renovar las formas y el lenguaje poéticos.

Baja desde el futuro un tufo a crimen ecuménico
el mono horrible de la muerte espesa
remontando la selva calcinada que muestra el vaticinio
amanece jugando sobre los hombros del presente infectado
el mono horrible con su mueca colorada epiléptica
tira de las orejas a américa a asia a europa
retuerce la nariz al rostro occidental
mete los dedos en los ojos de oriente
. . . .

(De *La edad de los missiles,*
de Félix Grande.)

Los poetas más jóvenes (Jaime Siles, L. A. de Villena, Julia Castillo) profundizan en el intimismo, conceptúan la poesía como un medio de expresión de conceptos y de sentimientos y cuidan la forma sin caer en la abstracción.

Se te puede buscar bajo un ciprés de espuma,
en los dedos del aire, metálico, del sueño,
en un volcán de pájaros incendiados de nieve
o en las olas sin voz de los peces de plata.

Te ocultas en los ríos,
en las hojas de piedra,
en las lunas heladas.
Vives tras de las venas,
al borde de los dientes,
invisibles en la sangre, desnuda, de la aurora.

(De *Daimon Atopon,*
de Jaime Siles.)

Camilo José Cela, uno de los novelistas españoles más universales, abrió nuevos caminos a la narrativa desde los primeros años de la posguerra.

«Tremendismo» y «realismo social» en la novela

El género narrativo encuentra nuevos cauces de expresión, tras la guerra civil, a través del tratamiento de los aspectos más crudos de la realidad social: el «tremendismo», que fue iniciado por la novela *La familia de Pascual Duarte,* de Camilo José Cela, y continuado por otros autores como Carmen Laforet, autora de *Nada,* que ganó el Premio Nadal en 1945.

El sentido crítico tremendista, aliado al afán por la denuncia social que se difundió entre los literatos a principios de los años cincuenta, originó el «realismo social» y el «relato testimonial». Los novelistas quieren reflejar la verdadera imagen de la sociedad española y dejar constancia de la misma. Utilizan, como los poetas, un lenguaje sencillo y directo para hacerse comprender por la mayoría; apenas describen y mantienen a los personajes en continuo diálogo. Camilo José Cela sería pionero del realismo social con su novela *La colmena*. Vendrían después J. Fernández Santos, Juan Goytisolo, Ignacio Aldecoa, Alfonso Grosso y Juan García Hortelano, que reproducen fidedignamente la degradación moral de la sociedad; y Rafael Sánchez Ferlosio, autor de la más famosa novela del género, *El Jarama,* en la que unos vacíos personajes transmiten su carencia de ilusiones a través de un diálogo plagado de vulgarismos.

> No puedo más, Daniel, te lo juro, te lo juro, es que estoy deshecho. Daniel se había agachado y lo agarraba por el hombro.
> Vamos, hay que poder, no hay más remedio. ¿Cómo te crees que estamos los demás?
> ¡Los demás! ¡Tú no lo sabes! ¡Tú no sabes nada! ¡Tú no sabes nada...! ¡Pues yo no volveré a poner los pies en este sitio en mi vida, te lo juro! ¡En toda mi puta vida no me vuelvo a bañar en este río! ¡Lo tengo aborrecido para siempre! ¡Tú me lo estás escuchando, Daniel: cien años que viva...!
>
> (De *El Jarama,*
> de Rafael Sánchez Ferlosio.)

La renovación de la narrativa durante los años sesenta

A comienzos de los años sesenta los novelistas se abren a las influencias externas, especialmente a la de los latinoamericanos Vargas Llosa y García Márquez. En consecuencia, renuevan los aspectos formales y el fondo de la prosa a base de nuevas técnicas como el «monólogo interior», los neologismos y las innovaciones sintácticas; procuran provocar la crítica y la reflexión en el lector y valoran más la creación literaria e imaginativa que el testimonio y la denuncia social: el realismo social toca a su fin.

Luis Martín Santos fue el iniciador de la renovación con la novela *Tiempo de silencio,* de lenguaje preciosista, que ejercerá profunda influencia en otros muchos prosistas.

> ...¡Oh cuán plástica la materia viva; siempre nuevas sorpresas alumbra para quien las sepa ver! ¡Oh, cuántas razas de estorninos diferentes, convertidas ya en subespecies, pueden poblar los bosques fragmentados de un archipiélago! ¡Oh, qué posibilidad apenas sospechada, apenas intuible, reverencialmente atendida de que una —con una bastaba— de las mocitas púberes toledanas hubiera contraído, en la cohabitación de la chabola, un cáncer inguinoaxilar totalmente impropio de su edad y nunca visto en la especie humana que demostrara la posibilidad —¡al fin!— de una transmisión virósica que tomó apariencia hereditaria sólo porque las células gaméticas (inoculadas ab ovo antes de la vida, previamente a la reproducción, previamente a la misma aparición de las tumescencias alarmantes en los padres), dotadas de ilimitada inmortalidad latente, saltan al vacío entre las generaciones e incluyen su plasma íntegro —con sus inclusiones morbígenas— en el límite-origen, en el huevo del nuevo ser.
>
> (De *Tiempo de silencio,*
> de Luis Martín Santos.)

Miguel Delibes escribió, entre aquellos vanguardistas, *Cinco horas con Mario,* el mejor ejemplo de monólogo interior. Juan Goytisolo, autor que se había iniciado en el realismo social, se plantearía posteriormente la forma de hacer literatura, adoptando una actitud de rechazo frente a los valores consagrados por la tradición y la costumbre, actitud que mantiene en sus últimos libros.

Cuando un feroz grupo de bandoleros al mando de un barítono con mostachos secuestre pistola en mano al gobierno en pleno Congreso de Diputados y el colorido elenco de actores ofrezca urbi et orbe, en eurovisión, las primicias del pintoresco espectáculo, Escamillo, Carmen, Don José restaurarán el viejo orden castizo de tricornios, manolas y majos. Caprichos y desastres de Goya cobrarán súbita y brutal realidad. Liberales, masones y rojos serán definitivamente extirpados. Único farallón indemne en el mar de la barbarie, chulería y desdén: el búnker-refugio de la Rue Poissonière.

(De *Paisajes después de la batalla,*
de Juan Goytisolo.)

Camilo José Cela es un clásico de la literatura española que ha sido siempre sensible a los nuevos derroteros seguidos por las modas y las vanguardias e incluso él mismo ha dado origen a nuevos movimientos literarios, como en el caso, ya comentado, del tremendismo. Novelista, ensayista, poeta, dramaturgo, cronista, periodista, Cela domina todos los recursos formales y conceptuales de la lengua: los giros y las expresiones populares. Sus obras traslucen, bajo una superficie burlesca, una visión sincera y objetiva del mundo.

El sacaúntos mató a trece a bocados, nueve mujeres y cuatro hombres. Una noche en que la luna lo echó a lobo mató a Manueliña García, mujer con la que tenía un hijo, Rosendiño, al que también mató. A Manueliña la llevaba a Santander, que queda muy distante, en la mar de Castilla, donde iba a ponerla a servir en casa de un sacerdote, pero en el lugar que dicen Malladavella, en el bosque de la Redondela, le dio el pronto y los mató a los dos, también medio los devoró. Después estuvo tranquilo algún tiempo, tranquilo y distraído, hasta que se le volvió a borrar la luz y mató a Benitiña García, que era hermana de Manueliña, y a su hijo Ferruquiño, que aún mamaba y tenía sabor a pescado...

(De *Mazurca para dos muertos,*
de Camilo José de Cela.)

Experimentalismo y renacimiento de las técnicas novelísticas tradicionales

En los años setenta se dan a conocer autores que, junto a otros procedentes de épocas anteriores, experimentan nuevas fórmulas estilísticas y narrativas que olvidan u ocultan el argumento. El experimentalismo consagra a Juan Benet, autor de prosa poética en la que los elementos psicológicos y míticos, los monólogos, la rareza del diálogo y el simbolismo oscurecen la trama argumental. Gonzalo Torrente Ballester mezcla la realidad y la fantasía, juega con el tiempo y practica una anarquía expositiva aparente.

A finales de los años setenta, y durante los ochenta, se generaliza de nuevo el gusto por la creación literaria puramente imaginativa y renacen las técnicas de novelar tradicionales, especialmente las concernientes al argumento, que recobra su función de factor esencial de la obra, y al lenguaje, que se hace más libre, coloquial y desenfadado, como se advierte en Juan Marsé, Eduardo Mendoza, Vázquez Montalbán, etcétera.

> Inició Fuster la marcha hacia la cocina a través de un pasillo lleno de libros. Carvalho pensaba que con la mitad de aquellas existencias tenía asegurado el fuego en su chimenea hasta que muriera. Como si adivinara sus pensamientos, Fuster exclamó sin volver la espalda:
> —Cuidado, Sergio, que éste es un quemalibros. Los utiliza para encender la chimenea.
> Beser se enfrentó a Carvalho con los ojos iluminados.
> —¿Es cierto?
> —Completamente cierto.
> —Ha de producir un placer extraordinario.
> —Incomparable. Mañana empezaré a quemar aquella estantería. Sin mirar qué libros son.
> —Produce mucho más placer escogerlos.
> —Soy un sentimental y los indultaría.
>
> (De *Los mares del Sur,*
> de Manuel Vázquez Montalbán.)

Los dramaturgos manifiestan las mismas inquietudes que los poetas y los novelistas

La escena está dominada, tras la guerra civil, por dos tipos de comedia: humorísticas y de «bulevar». Ambas tienen buena estructuración y técnica cuidada; pero son intrascendentes, sin pretensiones. En 1948, *Historia de una escalera,* de Antonio Buero Vallejo, obtiene un resonante éxito y origina un nuevo planteamiento de la obra teatral. A partir de ese momento reaparece el realismo y se tratan temas esencialmente humanos.

> F.   —¿Y qué tienes que decir de Fernando?
> U.   —Qué harías bien impidiéndole que sonsacase a mi Carmina.
> F.   —¿Acaso crees que me gusta la cosa? Ya le hemos dicho todo lo necesario. No podemos hacer más.
> U.   —¿Luego, lo sabías?
> F.   —Claro que lo sé. Haría falta estar ciego...
> U.   —Lo sabías y te alegrabas, ¿no?
> F.   —¿Que me alegraba?
> U.   —¡Sí!, te alegrabas. Te alegrabas de ver a tu hijo tan parecido a ti mismo. De encontrarle tan irresistible como lo eras tú hace treinta años. (*Pausa.*)
> F.   —No quiero escucharte. Adiós. (*Va a marcharse.*)

U. —¡Espera! Antes hay que dejar terminada esta cuestión. Tu hijo...

F. (*Sube y se enfrenta con él*). Mi hijo es una víctima, como lo fui yo. A mi hijo le gusta Carmina porque ella se le ha puesto delante. Ella es quien le saca de sus casillas. Con mucha mayor razón podría yo decirte que la vigilases.

(De *Historia de una escalera*, de Antonio Buero Vallejo.)

A mediados de la década de los cincuenta, y continuando la orientación iniciada por Buero Vallejo, los dramaturgos denuncian la realidad social (Alfonso Sastre, Lauro del Olmo, J. Martín Recuerda), pero su teatro apenas llegará al público a causa de la censura. Mientras, alcanzaban amplia aceptación unas comedias de escasos valores artísticos, escritas para el consumo de un público que buscaba simplemente la diversión.

El teatro social es sustituido, durante los años sesenta, por las vanguardias que intentan recuperar los valores literarios, imaginativos, empeño en el que se distinguiría Francisco Nieva, escenógrafo, director, diseñador de vestuarios, pintor, poeta, personalidad artística integral, en cuyo teatro resultan fundamentales el texto y la recreación del lenguaje popular.

La instauración de las libertades democráticas permitió el auge de numerosos grupos teatrales independientes (Els Joglar, La Cuadra, Tábano, Tramoya, La Gotera) y la recuperación de autores vetados anteriormente como Fernando Arrabal, creador de un teatro simbolista y poético, el llamado «pánico» o del absurdo, en el que ironiza sobre los valores tradicionales mediante variados recursos, entre ellos el esperpento.

BALTASAR (*convencido*). Mi experiencia y mi precisión darán una nueva dimensión a su empresa. De los clientes, naturalmente, me encargaré yo mismo. La redacción de la correspondencia a esa gentuza exijo que corra de mi cuenta. Esos plebeyos se imaginan que por el simple hecho de comprar los productos de una empresa se lo tienen todo permitido. (*A Joselito.*) Vete preparando una cataplasma de lentejas con tocino.

JOSELITO. ¡No papá! (*casi llorando*) ¡No!

BALTASAR (*A González*). Las cartas a los clientes no comenzarán por el consabido «Muy señores míos», sino por «Cretinos de órdago». Formaremos una empresa activa y dinámica que no aceptará vejámenes ni insolencias de los clientes incapaces de asimilar un concepto mercantilista progresista y espiritual.

GONZÁLEZ. Me temo que...

BALTASAR (*majestuoso*). No tema nada. Los clientes que no dispongan de un concepto claro de la realidad sentirán en sus espaldas repugnantes los mordiscos del látigo.

(De *Tormentos y delicias de la carne. Homenaje a La conjura de los necios de John Kennedy Toole*, de Fernando Arrabal.)

Antonio Gala, lírico, tragicómico, mítico y simbolista, es quizá, últimamente, el dramaturgo que se representa con más frecuencia en los escenarios españoles. Sus obras, de gran calidad y técnica esmerada, manifiestan un deseo vehemente de libertad, premisa ineludible para la realización de la condición humana.

Literaturas catalana, gallega y vasca

Los poetas catalanes continuaron durante la década de los setenta las directrices marcadas por la Generación del 27 y por las vanguardias europeas. La extensión del nacionalismo y del concepto de los «Països Catalans» actualizaban la lírica medieval y la popular. En prosa se mantiene la vigencia de los clásicos citados en el capítulo anterior, así como la de Llorenç Villalonga, autor de *Bearn,* una de las mejores novelas contemporáneas en lengua catalana.

Entre los nuevos valores, Pere Gimferrer, pionero del movimiento estilista que reaccionó contra la poesía de denuncia por los años sesenta, es también novelista y ensayista de rica, cuidada y elegante prosa. Terenci Moix es autor culto e imaginativo que juega con la fantasía y el mito.

> Ja vespreja. La guatlle, a recer de la fosca, fugaç.
> Així l'home. L'hivern: un temple d'aigua i glaç.
> Crits, crits alts en el cel impàvid, nua closca,
> La llum que regalisna, terbolejano i llosca
> falena estabornida, morirà al nostre jaç.
>
> («Destino», de *Apariciones*
> *y otros poemas,* de Pere Gimferrer.)

> Ya anochece. Al abrigo de lo oscuro, fugaz, la codorniz.
> Así el hombre. El invierno: un templo de agua y hielo.
> ¡Gritos allá en el cielo impávido, lisa cáscara!
> La luz que turbulenta y anublada, gotea,
> falena que delira, morirá en nuestro lecho.
>
> (Traducción.)

Durante los años sesenta se renueva la literatura gallega, que conecta con las corrientes internacionales y se interesa por los temas sociales. La literatura vasca deja de ser esencialmente religiosa y trata temas relacionados con la realidad del país. La publicación de *Harri eta Herri* (Piedra y Pueblo), de Gabriel Aresti, en 1964, fue decisiva para esta nueva tendencia.

Literatura latinoamericana

La literatura latinoamericana ha conocido durante el siglo xx, sobre todo a partir de los años cuarenta, un extraordinario desarrollo y un alto grado de aceptación internacional. Los poetas se han sentido atraídos por la poesía social y de protesta (Ernesto Cardenal, Mario Benedetti, etc.) y por la superrealista, en la que Octavio Paz —para quien el quehacer poético es una actividad mágica— es tal vez la figura fundamental.

La narrativa se ha renovado constantemente. Miguel Ángel

*Alejo Carpentier, novelista
y cuentista cubano, recibió el
Premio Cervantes en 1977.*

Asturias, gran maestro del «realismo mágico», tiene una visión
entre lírica y simbolista de las duras circunstancias del mundo
latinoamericano. Jorge Luis Borges, autor que se encuentra por
encima de géneros y tendencias, mezcló filosofía con simbolismo,
prosa con verso, ensayo con fábula. Alejo Carpentier posee una
fantástica prosa barroca y ha inventado el término «lo real maravi-
lloso». Juan Carlos Onetti se ha preocupado por la vida y por la
muerte. Juan Rulfo cultiva una prosa poética sugestiva y onírica.
Jose Lezama Lima es alegórico, simbolista y enigmático. Ernesto
Sábato se manifiesta como surrealista, crítico de la realidad argentina y del uso indiscriminado de los hallazgos científicos. Adolfo
Bioy Casares ha destacado como cultivador del relato corto.

> Más allá de los símbolos,
> más allá de la pompa y de la ceniza de los aniversarios,
> más allá de la aberración del gramático
> que ve en la historia del hidalgo
> que soñaba ser don Quijote y al fin lo fue,
> no una amistad y una alegría
> sino un herbario de arcaísmos y un refranero,

estás, España silenciosa, en nosotros.
España del bisonte, que moriría
por el hierro o el rifle,
en las praderas del ocaso, en Montaña,
España donde Ulises descendió a la casa del Hades,
España del ibero, del celta, del cartaginés, y de Roma,
España de los duros visigodos,
de estirpe escandinava,
que deletrearon y olvidaron la escritura de Ulfilas,
pastor de pueblos,
España del Islam, de la cábala
y de la Noche Oscura del Alma,
España de los inquisidores,
que padecieron el destino de ser verdugos
y hubieran podido ser mártires,
España de la larga aventura
que descifró los mares y redujo crueles imperios
y que prosigue aquí, en Buenos Aires,
en este atardecer del mes de julio de 1964,
España de la otra guitarra, la desgarrada,
no la humilde, la nuestra,
España de los patios,
España de la piedra piadosa de catedrales y santuarios,
España de la hombría de bien y de la caudalosa amistad,
España del inútil coraje,
podemos profesar otros amores,
podemos olvidarte
como olvidamos nuestro propio pasado,
porque inseparablemente estás en nosotros,
en los íntimos hábitos de la sangre,
en los Acevedo y los Suárez de mi linaje,
España,
madre de ríos y de espadas y de multiplicadas generaciones,
incesante y fatal.

(*España,* de Jorge Luis Borges.)

El «boom» latinoamericano

La simpatía común por la revolución cubana originó a principios de los años sesenta un sentimiento de solidaridad entre varios
novelistas latinoamericanos, cuyas obras, por su gran calidad,
iban a conocer inmediatamente («boom» latinoamericano) un gran
éxito editorial, y a ejercer una profunda influencia en diversos
ámbitos literarios, entre ellos el español, en el que impulsarán el
abandono del realismo social y la recuperación de los valores
puramente literarios. La novela *La ciudad y los perros,* de Mario
Vargas Llosa, conseguía el Premio Biblioteca Breve de la editorial
catalana Seix Barral, en 1964.

Todos los componentes del grupo que protagonizó el «boom»
tratan, como indica A. Amorós, problemas profundamente humanos y sus obras son testimonio riguroso de la realidad social y
política latinoamericana. Carlos Fuentes es crítico y observador
erudito de su mundo mexicano. Julio Cortázar, innovador de las
técnicas narrativas y fabulador realista de lo puramente imaginati-

vo. Gabriel García Márquez, novelista de fantasía ilimitada, es el autor de *Cien años de soledad,* obra esencial de la literatura en lengua española. Mario Vargas Llosa destaca como estilista y maestro en la organización del ritmo temporal y narrativo. Entre los más jóvenes, M. Puig, Bryce Echenique y Carlos Alberto Montaner son la promesa de la continuidad en el futuro de la gran narrativa latinoamericana.

> José Arcadio Buendía no logró descifrar el sueño de las casas con paredes de espejos hasta el día en que conoció el hielo. Entonces creyó entender su profundo significado. Pensó que en un futuro próximo podrían fabricarse bloques de hielo en gran escala, a partir de un material tan cotidiano como el agua, y construir con ellos las nuevas casas de la aldea. Macondo dejaría de ser un lugar ardiente, cuyas bisagras y aldabas se torcían de calor, para convertirse en una ciudad invernal. Si no perseveró en sus tentativas de construir una fábrica de hielo fue porque entonces estaba positivamente entusiasmado con la educación de sus hijos, en especial la de Aureliano, que había revelado desde el primer momento una rara intuición alquímica.
>
> (De *Cien años de soledad,*
> de Gabriel García Márquez.)

Literatura chicana

Los chicanos, descendientes de los habitantes que poblaban los territorios del nordeste de México ocupados por los Estados Unidos de América a mediados del siglo pasado, han conservado su lengua española, que se renueva constantemente por la continua llegada de inmigrantes de origen hispano.

Los chicanos publican periódicos en español y cultivan formas de expresión literaria que tratan sobre todo temas referidos a sus orígenes y a su peculiar situación de grupo minoritario que corre el riesgo de perder su identidad cultural. La literatura chicana alcanza su plenitud cuando se expresa en la lengua que el pueblo emplea normalmente: una curiosa mezcla de inglés y español:

When Raza
When Raza?
When...
    yesterday's gone
and
    mañana
mañana doesn't come
    for he who waits
no morrow
    only for he who is now
to whom when equals now
he will see a morrow
mañana la Raza
    la gente que espera
no verá mañana

our tomorrow es hoy
    ahorita
que viva la Raza
    mi gente
our people to freedom
    when?
now, ahorita define tu mañana hoy.

(Poema 1 de *Floricanto en Aztlán*,
de Alurista, poeta chicano.)

Literatura ecuatoguineana

La lengua española ha fructificado también en la ex colonia de Guinea Ecuatorial. Ha surgido un movimiento literario con prosistas como María Nsue, autora de *Ekomo,* «primera novela de la literatura guineana con argumento africano», y poetas de gran fuerza lírica.

Si supieras
que no me dejan los días de fiesta
ponerme el taparrabos nuevo
donde bordaste mis iniciales
temblándote los dedos de vieja.
Si supieras
que tengo la garganta enmohecida
porque no puedo salirme a las plazas
y ensayar mis gritos de guerra.
Que no puedo pasearme por las grandes vías
el torso desnudo, desafiando al invierno,
y enseñando mis tatuajes
a los niños de esta ciudad.
Si pudieras verme
fiel esclavo de los tendidos,
vociferante hincha en los estadios,
compadre incondicional de los mesones,
madre, si pudieras verme.

(De *El prisionero de la Gran Vía,*
de Francisco Zamora Loboch.)

Pensamiento y filosofía

A pesar del dirigismo cultural y de la censura franquista pudo formarse un pensamiento liberal que se esforzó en romper el aislamiento y en relacionarse con las corrientes internacionales. Xavier Zubiri ha intentado desde posturas escolásticas combinar la ética cristiana con la ciencia. Julián Marías, intelectual que ha sistematizado el pensamiento de Ortega y Gasset, ejerce un profundo magisterio a través de una abundante obra.

Es un hecho indiscutible que las regiones «incómodas», «difíciles», las que plantean con frecuencia problemas de inserción en España, son aquellas que poseen, aparte del español, una lengua privativa. El «regionalismo» que parece inquietante o peligroso es siempre el de las regiones que presentan una peculiaridad lingüística. Como tales regiones son varias —y muy distantes entre sí—, esto debería llevar a cada una de ellas a pensar que ninguna es tan «peculiar» como suele decirse, que su situación no es «única», y que por tanto no tiene sentido plantear la cuestión en los términos habituales: tal región y el resto de España; más bien habría que pensar en la situación de las diversas regiones (por lo menos de algunas) «en España».

(De *La España real,*
de Julián Marías.)

La aportación de muchos intelectuales es verdaderamente importante. Pedro Laín Entralgo profundiza en el conocimiento de la cultura española. José Luis Aranguren es un pensador sensible a los problemas de la juventud, que, desde una perspectiva católica, estudia en profundidad los temas más variados. Enrique Tierno Galván ha dado origen a nuevas teorías sobre el marxismo. Manuel Sacristán es autor de trabajos esenciales para la historia del pensamiento e introductor en España de las obras de Luckács y Gramsci. Muchos filósofos (García Bacca, María Zambrano, etcétera) desarrollaron la mayor parte de su obra en el exilio y conectada al pensamiento de Ortega y Gasset.

Algunos persisten en la vieja actitud de poner a los jóvenes «en su sitio» de niños crecidos o poco más, de menores de edad, saber y gobierno, a los que no debe darse demasiada importancia. Se trata evidentemente de una actitud reaccionaria y paternalista, que también se quiere adoptar frente a las mujeres, frente a los pueblos no occidentales y, si se pudiese, frente a los obreros. Y por debajo de esta actitud reaccionaria, por debajo de este paternalismo a veces «comprensivo» y benevolente hay, como siempre, temor. En nuestro caso, el temor de que la juventud —es decir, el futuro— no sea, no vaya a ser tal como nosotros descaríamos. Por eso se prefiere ignorar la realidad juvenil y vivir en la confortable convicción de que continúa siendo lo que siempre fue, simple tránsito revoltoso, inexperto y bullicioso, de la niñez a la edad adulta.

(Del artículo *La juventud europea de hoy,*
de J. L. Aranguren.)

El pensamiento contemporáneo se enriquece con nuevos valores como Agustín García Calvo, de tendencia anarquista; Fernando Savater y Eugenio Trías, renovadores de algunas actitudes nietzscheanas; Javier Sádaba, que postula la potenciación de la capacidad renovadora de los individuos y el acceso a una sociedad comunitaria; Ramón Tamames, autor de valiosos trabajos sobre la economía española; Fernando Sánchez-Dragó, que ha animado el panorama historiográfico-literario de los últimos años con su interesante *Gárgoris y Habidis. Una Historia Mágica de España,* libro en el que la historia y el ensayo se combinan a los notables recursos literarios del autor.

La lista de colaboradores habituales en diarios y revistas es muy extensa y cuenta con firmas de gran calidad. Francisco Umbral, buen conocedor del lenguaje de los sectores jóvenes de la sociedad madrileña, y Antonio Gala, poético y penetrante, son dos entre los muchos nombres que podríamos citar como ejemplos.

No; no hemos entrado en Europa, porque la auténtica Europa ya no existe. El ideal común no existe ya. Ahora se manejan términos crematísticos, de conveniencia, técnicos. Nos hemos apuntado —ni siquiera: nos han permitido apuntarnos— a un supermercado. Ahí sí somos advenedizos, no en Europa. Nuestra sangre no se ha aguado jamás, que yo sepa. Es en España —exactamente aquí— donde nace el sentido y el resumen de Europa. O sea, su cultura. Aquí —de las fricciones grecolatinas con lo visigótico, y de las cristianas con lo semita (con lo islámico primordialmente)— brota lo que siglos después será el Renacimiento, esa tentativa gloriosa y abortada...

(Del artículo *La nueva y vieja Europa*, de Antonio Gala, publicado en «El País» del 9 de junio de 1985.)

El humor gráfico, tebeos y «cómics»

El humor gráfico fue el único medio de comunicación que gozó de relativa libertad durante el franquismo, por lo que varios

Una sala del Museo de Arte Abstracto de Cuenca. Creado por el pintor hispano-filipino Fernando Zóbel, es una institución única en su género.

humoristas pudieron mantener desde las páginas de los periódicos y de las revistas cierta crítica del sistema. Algunas revistas de humor destacadas fueron *La Codorniz, Hermano Lobo,* etcétera.

La palabra *tebeo* es sinónimo en España de publicación periódica infantil. Su nombre es el de un célebre semanario ya extinguido: «TBO». Los tebeos y otras revistas para jóvenes, publicaciones de lenguaje preciso y coloquial, son ilustrativos del sistema de valores vigente en su momento histórico y han contribuido, en gran medida, a que amplios sectores de la juventud estuvieran en contacto con la lectura y con el mundo editorial. Su ilustración gráfica, dibujos generalmente, suele tener gran calidad y algunos de sus protagonistas han tenido una difusión amplísima: Roberto Alcázar y Pedrín, El Guerrero del Antifaz, El Coyote, Diego Valor, El Capitán Trueno, Jaimito, Trampolín, etc. Últimamente han aparecido publicaciones de este tipo alusivas a temas candentes de nuestra época: droga, sexo, violencia.

Los dibujos han sido ocasionalmente llevados al cine en España, país donde, en 1945, se realizó el primer largometraje europeo de dibujos animados en color.

En 1987 un dibujante y humorista, Antonio Mingote, ha sido elegido Académico de Número de la Real Academia Española de la Lengua.

Renovación constante de las tendencias artísticas

Los vanguardistas de los años veinte, en su incesante búsqueda de nuevas formas de expresión, sometieron el arte a un proceso constante de cambio y renovación. Esta inquietud renacería por los años cuarenta, tras el paréntesis de la guerra civil española. La arquitectura de posguerra, que se inspiraba en el monumentalismo y en la sobriedad escurialense (Ministerio del Aire, por ejemplo), se adaptó pronto, con Miguel Fisac y J. A. Coderch de Sentmenat, a las necesidades prácticas. Un ejemplo importante de esta nueva arquitectura es la iglesia del noviciado de dominicos en Alcobendas (Madrid). Al mismo afán revisionista y utilitario respondían las cubiertas en forma de «silla de montar» de Félix Candela, calificadas por algunos críticos como una innovación equiparable a la introducción de la cúpula.

Entre los revisionistas de los años cuarenta y los vanguardistas de los últimos tiempos, Rafael Leoz contribuyó decisivamente al abaratamiento de la construcción mediante el empleo de un módulo de fabricación en serie de su invención. En tiempos más recientes, Pablo Pintado ha logrado el equilibrio entre arquitectura y urbanismo. José Bar se distingue por la simplificación. Ricardo Bofill posee un sabio eclecticismo, acierta en la distribución del espacio y emplea, en sus creaciones, materiales vistos de gran belleza.

La escultura de posguerra siguió varias directrices: Ángel Ferrant, artista que aprovechaba todos los recursos expresivos de cualquier clase de objeto, fue pionero de la escultura móvil; Alberto Sánchez cultivó la escultura orgánica; Juan de Ávalos

Escultura, por Eduardo Chillida (arriba). Museo de Arte Abstracto, Cuenca. Pintura, por Antonio Tapies (abajo). Museo de Arte Abstracto, Cuenca.

continuó la tradición figurativa, como se advierte en sus colosales figuras del Valle de los Caídos (cerca de El Escorial, Madrid); la abstracción maduró con Eduardo Chillida, diseñador del espacio escultórico.

A finales de los años cincuenta, el mundo artístico manifiesta un especial dinamismo. Varios pintores informalistas crean el grupo «El Paso»; otros artistas se adhieren al realismo crítico y los miembros del «Equipo 57» optan por el experimentalismo, que alcanzaría su mejor expresión en Jorge de Oteiza, escultor de ricos matices y grandes recursos; con Andrés Alfaro, creador de redes y estructuras de chapa metálica, y con Pablo Serrano, escultor racionalista.

A pesar de que la creación artística es en nuestros días obra de personalidades individuales, se han generalizado también estilos colectivos como el hiperrealismo, del que participan, por ejemplo, Antonio López, con sus figuras en madera policromada, y los hermanos Hernández, autores de esculturas aureoladas de una atmósfera entre arcaica e intemporal.

Las vanguardias continuaron tras la guerra civil entre nuevas generaciones de pintores. En Barcelona, por ejemplo, se formó en 1948 el grupo «Dau al Set», del que formaron parte, entre otros, Antoni Tápies, artista de sutil surrealismo e informalista de hábil técnica para la confección de singulares «collages». Modesto Cuixart se mueve dentro de la figuración. Tharrats es un innovador de las técnicas del grabado. Se desarrollaron la abstracción, el informalismo y la neofiguración. Como consecuencia del influjo del «fauvisme» (estilo antiimpresionista caracterizado por la peculiar manera de separar los colores mediante gruesos trazos de negro) se formó, por los años cuarenta, un grupo notable de paisajistas, como Benjamín Palencia, que se recreaba en la representación de escenas rurales castellanas, o Godofredo Ortega Muñoz, pintor de su tierra extremeña. Rafael Zabaleta es un artista de gran personalidad que organizó en curiosas estructuras geométricas los paisajes y los hombres de Quesada (Jaén), su pueblo natal.

Entre los informalistas del grupo «El Paso» habrían de distinguirse los armónicos conjuntos que Manuel Millares realizaba con los más diversos materiales, la pintura figurativa de Antonio Saura y el vigoroso impresionismo de Manuel Viola.

Las vanguardias pictóricas actuales están influenciadas por las nuevas técnicas y artes de la imagen: el cine, la fotografía, el fotomontaje y los «cómics». Los cuadros de Juan Genovés, que representan figuras humanas envueltas en una atmósfera dramática, sin paisaje, recuerdan el estilo fotográfico. Rafael Canogar construye relieves que proyectan al exterior la composición del cuadro. Andrés Cillero es autor de arquitecturas pictóricas próximas al arte «pop». Úrculo es un realista y expresionista, de frecuente inspiración erótica. El grupo valenciano «Equipo Crónica» aplica las técnicas actuales a curiosas referencias históricas. Antonio López nos transmite, igual que en sus esculturas, la sensación del entorno a través de espléndidas composiciones hiperrealistas. Entre los jóvenes valores actuales, Miquel Barceló, inicialmente expresionista, evoluciona con ritmo rápido, ya que, según sus propias palabras, trabaja de forma individual y se replantea su pintura constantemente.

Tradición y vanguardismo musical

Algunos compositores nacidos a finales del siglo pasado, o a principios del actual, continúan aportando la savia creadora de su arte. Otros ya han desaparecido, pero su música sigue vigente. Frederic Mompou, autor impresionista en su juventud («estratega de la música, de una lucidez admirable y de convicciones internas inamovibles», en palabras de Josep Pla), estrenó aún en 1985 una obra, *La vaca cega,* sobre un poema de Maragall. Joaquín Rodrigo, innovador del lenguaje musical, es autor de famosas obras para guitarra y orquesta —*Concierto de Aranjuez*—, para piano, para violonchelo, etc. Oscar Esplá, ya fallecido, es un vanguardista, y Montsalvatge, un neorromántico.

La internacionalización de la producción musical española, iniciada por Manuel de Falla, prosigue entre los compositores de las nuevas generaciones. Muchos de ellos están adscritos al serialismo y tienen una actitud receptiva ante todas las innovaciones. Tomás Marco es especialmente sensible a una nueva orientación en la que se combinan la tradición popular y los medios electrónicos.

En el campo de la interpretación musical, la aportación de los españoles durante el siglo XX ha sido muy importante. Hay pianistas como Ricardo Viñes y Alicia de Larrocha; violonchelistas como Pau Casals, cuyo magisterio ha marcado la música de toda una época; guitarristas como Andrés Segovia, que ha universalizado la guitarra convirtiéndola en un instrumento orquestal de primera calidad; arpistas como Nicanor Zabaleta; sopranos y tenores de renombre internacional como Miguel Fleta, Teresa Berganza, Alfredo Kraus, Pilar Lorengar, Montserrat Caballé, Plácido Domingo, Josep Carreras; directores como Ataúlfo Argenta, Rafael Frübeck, etcétera.

Los cantautores y la renovación de la música popular

El arte testimonial y el realismo crítico afectaron también a la música popular durante la década de los años sesenta, en que tomó fuerza el movimiento contestatario de los cantautores. Éstos, jóvenes de ideología generalmente izquierdista, se inspiraban en las tradiciones locales y en modelos foráneos, como Brassens, para denunciar las injusticias sociales (canción social). Se expresaban en sus lenguas vernáculas: Serrat se negó a participar en el Festival de Eurovisión por no permitírsele cantar en catalán. Ponían música a las obras de los poetas mal vistos por los poderes públicos y atentaban, en consecuencia, contra el dirigismo estatal. Se revolvían, en fin, contra la uniformidad impuesta desde arriba.

El movimiento de renovación musical de los cantautores se extendió por toda España: «nova cançó catalana», «nova canción galega», castellana, andaluza, vasca, canaria, etc. *Al vent,* de Raimón, se convierte en el himno de los estudiantes progresistas. María del Mar Bonet canta e investiga la música tradicional de las islas Baleares. Amancio Prada pone música a los versos de Rosalía de Castro, y Paco Ibáñez, a los de otros grandes poetas.

Los viejos temas políticos y sociales han sido sustituidos progresivamente por los poético-musicales puros. Los cantautores, como nuevos juglares, transmiten actualmente la poesía —la suya o la de los demás— a través de sus canciones, cuando no se han orientado hacia formas y estilos más internacionales.

La situación sociopolítica se manifiesta en el cine

La exaltación del heroísmo y de los valores militares hicieron posible la realización, por los años cuarenta, de una gran película, *Los últimos de Filipinas,* de A. Román, que narra la gesta de un grupo de resistentes frente a los independentistas filipinos.

La censura no impidió la producción de excelentes películas cuando algunos cineastas se decidieron, por los años cincuenta, a testimoniar sobre la situación social del país. Luis García Berlanga rueda *Bien venido, Mr. Marshall,* que fue premiada en Cannes y en la que se refieren las ilusiones frustradas de los habitantes de un pueblecito que esperan con ilusión la ayuda americana. J. Antonio Bardem realiza una gran película, *Calle Mayor,* que refleja el ambiente de una ciudad provinciana de la época. Berlanga cosecha grandes éxitos, al final del período, con películas de humor negro y, en 1961, Luis Buñuel obtiene la Palma de Oro en el Festival de Cannes con *Viridiana,* cuya proyección estaría prohibida durante muchos años en la España franquista.

El nuevo cine español nace en los años sesenta como reacción contra la mediocridad de muchas producciones comerciales de la década anterior. Es obra de realizadores que compartían con los literatos el gusto por el realismo crítico. Carlos Saura, director flexible que ha sabido adaptarse a todas las épocas, ironiza sobre los falangistas en *La prima Angélica*. El Festival de San Sebastián otorga, en 1975, la Concha de Oro a la película *Furtivos*, de José Luis Borau, una de las mejores del cine español y en la que se refiere una escabrosa tragedia rural. Víctor Erice realiza una gran película, preciosista y lírica: *El espíritu de la colmena*.

La transición a la democracia se manifestó en el cine por la insistencia sobre algunos temas —erotismo, violencia, drogas— hasta entonces prácticamente prohibidos, y en el tratamiento más objetivo dado a los «rojos», a los republicanos. Luis Buñuel obtenía otro gran éxito con *Ese oscuro objeto del deseo*, mientras Saura y Berlanga incrementaban su presencia y estima en el exterior con películas como *Cría cuervos* y *La escopeta nacional*, respectivamente.

El cine español ha conseguido, últimamente, un amplio reconocimiento internacional. En 1982 se concedió un Oscar de Hollywood a la película *Volver a empezar*, de José Luis Garci. El mismo año es premiada en Berlín *La colmena*, adaptación de la novela homónima de Camilo José Cela. Víctor Erice atrae de nuevo la atención de los foros internacionales, en 1983, con su gran película *El Sur*. *Los Santos Inocentes*, de Mario Camus, obtiene en Cannes, en 1984, el Premio a la mejor interpretación masculina, y, en 1987, *El año de las luces*, de F. Trueba, es premiada en Berlín con el Oso de Plata.

CRONOLOGÍA DE ALGUNOS HECHOS IMPORTANTES DESDE LA GUERRA CIVIL

— 1939: El 1 de abril termina la guerra civil con la victoria de las fuerzas franquistas.

— 1940: Joaquín Rodrigo estrena el *Concierto de Aranjuez*. La Ley de las Cortes Españolas organiza el poder legislativo.

— 1942: Camilo José Cela publica *La familia de Pascual Duarte*.

— 1945: Promulgación del Fuero de los Españoles, que fijó los derechos y los deberes de los ciudadanos, y de la Ley de Referéndum Nacional, que reconocía expresamente la soberanía del pueblo.

— 1946: La ONU rechaza el régimen franquista.

— 1947: La Ley de Sucesión a la Jefatura del Estado establece la forma monárquica del mismo.

— 1951: Dalí, *Cristo de San Juan de la Cruz.*

— 1953: Se firma un convenio con los Estados Unidos de América y el Concordato con la Santa Sede.

— 1955: La España franquista es admitida en la ONU.

— 1956: Concesión del Premio Nobel de Literatura a Juan Ramón Jiménez.

— 1957: Rafael Sánchez Ferlosio publica *El Jarama,* una de las novelas más importantes del realismo social.

— 1958: La Ley de Principios del Movimiento Nacional, de 1958, resume los principios programáticos contenidos en el Fuero de los Españoles.

— 1959: Premio Nobel de Ciencias al investigador español Severo Ochoa.

— 1963: Comienzan los Planes de Desarrollo que organizarán el despliegue económico.

— 1967: Las Cortes aprueban la Ley Orgánica del Estado, que estructuraba el orden jurídico institucional.

— 1973: El almirante Carrero Blanco, presidente del Gobierno, muere en atentado de ETA.

— 1975: Muere el general Franco, y don Juan Carlos de Borbón es nombrado rey de España.

— 1976: Se aprueba por Referéndum la Ley para la Reforma Política. Vicente Aleixandre obtiene el Premio Nobel de Literatura.

— 1977: Unión de Centro Democrático triunfa en las primeras elecciones generales: primeras Cortes democráticas.

— 1978: Promulgación de la Constitución: 325 síes en el Congreso; 226 síes en el Senado. Seis noes en el Congreso; cinco noes en el Senado. Catorce abstenciones en el Congreso; ocho abstenciones en el Senado.

— 1979: Unión de Centro Democrático triunfa en las elecciones generales.

— 1981: Golpe fallido del coronel Tejero contra el Congreso.

— 1982: El PSOE gana en octubre las elecciones generales.

— 1986: El 1 de enero, España ingresa como miembro de pleno derecho en la Comunidad Económica Europea. En marzo, los españoles dicen «sí» a la permanencia en la OTAN. En junio, los socialistas ganan las elecciones generales.

BIBLIOGRAFÍA

— L. García San Miguel, *Teoría de la transición. Un análisis del modelo español 1973-1978,* Madrid, Editora Nacional, 1981.
— E. Álvarez Conde, *El régimen político español,* Madrid, Tecnos, 1983.
— G. Peces Barba, *La Constitución Española de 1978,* Valencia, Fernando Torres, 1981.
— J. de Esteban y L. López Guerra, *El régimen constitucional español,* Barcelona, Labor Universitaria, 1980.

OBRAS GENERALES PARA TODOS LOS CAPÍTULOS

— A. Ubieto, J. Reglá, J. M. Jover, C. Seco, *Introducción a la Historia de España,* Barcelona, Teide, 1984.
— Varios autores, *Historia de España,* Madrid, Historia 16, 1986.
— *Historia de España,* dirigida por M. Tuñón de Lara, Barcelona, Labor.
— P. E. Russell, ed., *Introducción a la Cultura Hispánica,* Barcelona, Crítica, 1982.
— J. L. Abellán, *Historia Crítica del Pensamiento Español,* Madrid, Espasa-Calpe, 1979.
— J. Vicens Vives, *Aproximación a la Historia de España,* Barcelona, Vicens Vives, 1966.
— P. Vilar, *Historia de España,* París, Librairie Espagnole, 1971.

Literatura

— J. L. Alborg, *Historia de la Literatura Española,* Madrid, Gredos, 1985.
— Francisco Rico, *Historia y Crítica de la Literatura Española,* Barcelona, Crítica, 1983.
— C. Blanco Aguinaga, J. Rodríguez Puértolas, Iris M. Zavala, *Historia Social de la Literatura Española,* Madrid, Castalia, 1984.
— Rafael Lapesa, *Historia de la Lengua Española,* Madrid, Escelicer, 1968.
— M. de Riquer, *Historia de la Literatura Catalana,* Barcelona, Ariel, 1980.
— J. Cabré, J. Mira, J. Palmero, *Historia de la Literatura Catalana,* Barcelona, Rosa Sensat/Edicións 62, 1984.
— G. Bellini, *Historia de la Literatura Hispanoamericana,* Madrid, Castalia, 1985.
— E. Anderson Imbert, *Historia de la Literatura Hispanoamericana,* México, Fondo de Cultura Económica, 1982.
— L. M. Mujika, *Historia de la Literatura Euskerika,* San Sebastián, L. Aramburu, 1979.
— M. Díez, F. Morales, A. Sabin, *Las lenguas de España,* Madrid, Instituto Nacional de Ciencias de la Educación, 1980.

Arte

— *Historia del Arte Hispánico,* dirigida por Rogelio Buendía, Madrid, Alhambra, 1981.
— V. Bozal, *Historia del Arte en España,* Madrid, Istmo, 1978.
— Gabriel Ureña, *Las vanguardias artísticas en la postguerra española, 1940-1959,* Madrid, Istmo, 1982.
— A. Bonet Correa (coordinador), *Historia de las artes aplicadas e industriales en España,* Madrid, Cátedra, 1982.

Cine

— E. C. García Fernández, *Historia Ilustrada del Cine Español,* Barcelona, Planeta.
— *Cine Español 1896-1983,* edición a cargo de Augusto M. Torres, Madrid, Ministerio de Cultura, 1984.

Música

— A. Livermore, *Historia de la Música Española,* Barcelona, Barral, 1973.
— Christiane Le Bordays, *La Música Española,* Madrid, Edaf, 1978.
— F. González Lucini, *Veinte años de canción en España (1963-1983),* Madrid, Grupo Cultural Zero, 1984.
— V. Claudín, *Canción de autor en España. Apuntes para su historia,* Madrid, Júcar, 1982.
— *La Canción Tradicional. Aproximación y Antología.* Selección y estudio de Vicente Beltrán, Tarragona, Tarraco, 1976.
— *Historia de la música española.* Bajo la dirección de Pablo López de Osoba, Madrid, Alianza, 1983.

Índice de nombres

Los números que aparecen en este índice corresponden a la página en la que se encuentra el nombre precedente.